Hermann Bendl
Christine Friepes

Zentrale Klassenarbeit Baden-Württemberg Deutsch

MANZ VERLAG

9. Auflage 2005
Manz Verlag

Lektorat: Peter Süß, München
Umschlaggestaltung: Werkstatt München: Weiss/Zembsch, München
Layout: DTP Wizard, Erding
Druck: Ludwig Auer GmbH, Donauwörth
Printed in Germany

ISBN 10: 3-7863-1126-9
ISBN 13: 978-3-7863-1126-3

Inhalt

Vorwort

Die Zentrale Klassenarbeit Deutsch

In Baden-Württemberg schreiben Schülerinnen und Schüler der 10. Klassen des Gymnasiums im zweiten Halbjahr eine „Zentrale Klassenarbeit“. Die Aufgaben werden vom Ministerium für Kultus und Sport zentral gestellt; alle Gymnasiasten bearbeiten am selben Tag dieselben Aufgabenstellungen.

Im Fach Deutsch werden jeweils vier Aufgaben vorgelegt, von denen du eine bearbeiten musst. Du hast 150 Minuten Zeit (einschließlich Auswahlzeit), um eine Erörterung zu verfassen oder eine Gedicht- / Textinterpretation zu erstellen bzw. eine Aufgabe zu bearbeiten, die gestaltendes Interpretieren verlangt. Es werden je zwei Erörterungsthemen zur Auswahl angeboten. Für die Bereiche Gedicht- / Textinterpretation sowie für das gestaltende Interpretieren wird dagegen jeweils nur eine Aufgabe zur Bearbeitung vorgelegt.

Im Gegensatz zu den anderen Klassenarbeiten im 10. Schuljahr wird die „Zentrale“ doppelt gewertet. Es lohnt sich also durchaus, sich gründlich auf diese Prüfung vorzubereiten. Wenn du dich daher zielstrebig für die Zentrale Klassenarbeit in Deutsch vorbereiten willst, hast du genau zum richtigen Buch gegriffen. Es wird dir helfen, deine Kenntnisse aufzufrischen und zu festigen, damit du mit mehr Sicherheit in die Prüfung gehen kannst.

Was bietet dieses Buch und wie arbeitet man damit?

Zu jedem Aufgabentyp findest du eine ausgearbeitete Aufgabenstellung – eine „Musteraufgabe“ –, bei der dir Schritt für Schritt vorgeführt wird, wie du dich dem betreffenden Aufgabentyp bzw. einem bestimmten Thema nähern kannst und wie eine Bearbeitung aussehen könnte. Da es für diese *Last-Minute*-Prüfungsvorbereitung bewusst keinen Theorieteil gibt, wird jeder Arbeitsschritt direkt am jeweiligen Thema genau erläutert und vorgeführt.

Im Erörterungsteil kommen zur Darstellung der für die beiden Erörterungstypen in Frage kommenden fünf Arbeitsschritte noch **zwei Exkurse** zu Punkten, die erfahrungsgemäß beim Verfassen einer Erörterung Probleme verursachen können:

Exkurs I: Aufbau einer Argumentation
Exkurs II: Absätze und Überleitungen

Lies diese Exkurse gründlich durch! Auch wenn du nur noch wenig Zeit zur Vorbereitung hast, solltest du dich mit Argumentationsstrukturen beschäftigen und auch Absätze und Überleitungen nicht vernachlässigen!

Was das Buch konkret leisten kann:

- Es zeigt dir, worauf es bei den einzelnen Aufsatzgattungen ankommt, die in der Zentralen Klassenarbeit verlangt werden.
- Es führt dir an je einer Musteraufgabe pro Aufsatzart Schritt für Schritt vor, wie du Erörterungen, Gedicht-/Textinterpretationen sowie die Themen zum gestaltenden Interpretieren möglichst erfolgreich umsetzen kannst.
- Es gibt dir komplette Aufsatzbeispiele an die Hand, die schrittweise kommentiert werden. So kannst du erkennen, wie man Prüfungsthemen bearbeitet und gut bewältigen kann.
- Es bietet einen Fragenkatalog, mit dessen Hilfe du jedes Thema sozusagen „abfragen“ und daraufhin erfolgreich bearbeiten kannst.
- Es bringt in einem Anhang eine Zusammenstellung wichtiger Stilfiguren u. Ä., die für die Interpretationsaufgaben hilfreich sind.
- Es bietet dir einen Einblick in typische Prüfungsthemen.

Die Themenvorschläge in diesem Buch wurden anhand der Prüfungsthemen der letzten Jahre nach den Anforderungen des aktuellen Lehrplans für die 10. Klasse Deutsch am Gymnasium in Baden-Württemberg entwickelt. Sie entsprechen genau dem Standard und dem Niveau der vom Ministerium gestellten Aufgaben.

Die Erörterung

Kurz wiederholt: Was ist eigentlich eine Erörterung?

„Bei einer Erörterung von Sachverhalten und Problemen lernen die Schülerinnen und Schüler, auf andere Standpunkte einzugehen und sie bei der Problemlösung zu berücksichtigen."

[Bildungsplan für das Gymnasium, Amtsblatt des Ministeriums für Kultus und Sport Baden-Württemberg, 21.2.1994, Deutsch Klasse 10]

Erörtern bedeutet also, sich über den eigenen Standpunkt zu einer bestimmten Fragestellung klar zu werden, ihn zu formulieren und in einen größeren Gesamtzusammenhang zu stellen. Erörterungen sollen dem Verfasser und dem Leser helfen, einen Sachverhalt oder eine Problemstellung von allen Seiten zu beleuchten. Der Leser bekommt Hilfestellung bei dem Unternehmen, zu einer bestimmten Frage eine fundierte Position zu beziehen. Dazu muss er natürlich die wichtigsten Argumente (gewöhnlich Pro und Contra) kennen. Diese sollst du als Verfasser einer Erörterung dem Leser vorstellen.

Welche Formen der Erörterung gibt es?

Aus den vorhergehenden Ausführungen wird klar, dass eine Erörterung eine Aufsatzform ist, bei der einige Vorarbeiten geleistet werden müssen, bis man mit dem eigentlichen Schreiben beginnen kann.

Zunächst wollen wir wiederholen, welche Formen von Erörterungen wir kennen. Man unterscheidet grundsätzlich zwei Typen: dialektische und steigernde Erörterungen.

In der Anfangsphase der Erörterung in der 9. Klasse sind die Themen so formuliert, dass eine Zuordnung zu dem einen oder anderen Typus einfach ist. Später muss man die Fragestellungen sehr genau analysieren um festzustellen, welche Form der Auseinandersetzung mit dem Thema erwartet wird.

1. Die steigernde oder lineare Erörterung

Bei dieser Form geht es um die folgerichtige Darstellung eines Sachverhalts oder einer Problemstellung. Du gibst dem Leser steigernd, d. h. nach der Wichtigkeit angeordnete Argumente und Beispiele an die Hand. Eine kritische Abwägung des Für und Wider ist hier im Hauptteil nicht verlangt.

In deinem fortgeschrittenen Lernstadium erscheint dieser Typus meist als mehrteilig-lineare Erörterung. Was das ist? Schau dir die beiden folgenden Beispiele genau an!

- *Autofahren belastet die Umwelt. Trotzdem schränken wir uns kaum ein. Zeigen Sie technische und politische Möglichkeiten zur Reduzierung des Individualverkehrs auf!*
  Stellen Sie auch mögliche Probleme bei der praktischen Umsetzung dar!

- *Der Generationskonflikt – Spannungen zwischen Jugendlichen und ihren Eltern wird es immer geben. Worauf sind sie zurückzuführen? Welche Lösungsmöglichkeiten können gefunden werden?*

Sobald Schlüsselwörter wie: *Gründe, Probleme, (Lösungs-)möglichkeiten, Erklärungen* in der Themenformulierung vorkommen oder Aufforderungen wie: *Erklären Sie! Begründen Sie! Untersuchen Sie! Zeigen Sie!* erscheinen, kannst du davon ausgehen, dass ein linear gestelltes Thema vorliegt.

Lineare Themenstellungen können auch mehrteilig sein; man nennt sie dann mehrteilig-linear. Das ist dann der Fall, wenn man mehrere Fragestellungen bearbeiten muss. Die häufigste Kombination lautet beispielsweise: *Welche Gründe ...? Welche Lösungsmöglichkeiten ...?*

2. Die dialektische Erörterung

Sie verlangt von dir die Darstellung, Gewichtung und Abwägung gegensätzlicher Argumente und Standpunkte.

Du stehst zunächst über allen Argumenten und versuchst dem Leser beide Positionen klar zu machen. Durch die Anordnung dieser Positionen kannst du aber durchaus kennzeichnen, welcher Seite du zuneigst.

Schau dir die beiden folgenden Beispiele wieder genau an!

- *Computer für Jugendliche: Erörtern Sie Vor- und Nachteile!*

- *„Höflichkeit – das ist doch nichts mehr für Leute von heute!“*
  Was ist für Sie Höflichkeit? Diskutieren Sie, inwieweit Sie mit dieser Behauptung eines Jugendlichen einverstanden sind!

So einfach wie beim ersten Beispiel wird es selten sein. Hier wird dir ja die Gliederung deines Themas mundgerecht serviert.

Achte auf Formulierungen wie:

Diskutieren Sie! – Erörtern Sie Für und Wider! – Setzen Sie sich auseinander! – Nehmen Sie kritisch Stellung!

Sie zeigen dir, dass eine dialektische Erörterung gefordert ist.

Manche Themen sind in einem Zitat versteckt. Berühmte Persönlichkeiten äußern sich zu einem Thema – deine Aufgabe ist es, die dazugehörige Fragestellung so genau zu lesen, dass du weißt, wie du das im Zitat enthaltene Thema bearbeiten sollst. Ein Beispiel soll hier genügen:

- *„Es gibt wenig aufrichtige Freunde – die Nachfrage ist auch gering.“ (Marie von Ebner-Eschenbach)*

  Erläutern Sie diesen Ausspruch und legen Sie die Bedingungen für eine aufrichtige Freundschaft dar.

Erörterung

- ✔ dialektische Form
- ✔ steigernd-lineare Form (häufig mehrteilig)

Wie finde ich das richtige Thema?

Das richtige Thema auszuwählen ist schon der erste Schritt zum Erfolg. Doch was ist das richtige Thema?

Manchmal weiß man sofort, welches Thema man bearbeiten will. Dann ist zunächst alles klar. Manchmal muss man sich jedoch mit den beiden zur Wahl stehenden Themen gründlich auseinander setzen, bevor man sich entscheidet. Zwei Gesichtspunkte sollen dir helfen.

Stelle dir, nachdem du die Themen noch einmal durchgelesen hast, folgende Fragen:

1. Wo liegen die Tücken des Themas? Welche Fallen, welche Schwierigkeiten beinhaltet es?
2. Was weiß ich über die Probleme, die in den Themen angesprochen werden? Kann ich zur These / zu den Thesen genügend Argumente und Belege finden?

Manchmal ist es ganz gut, ein Thema, das einem am Herzen liegt, *nicht* zu wählen. Es könnte zum Beispiel sein, dass du gerade Ärger mit deinen Eltern hast. Dann gelingt es dir vielleicht nicht so gut, dich über das Thema „Generationskonflikt" zu stellen. Wenn du persönlich zu sehr in eine Problematik verstrickt bist, kannst du nicht objektiv genug darüber schreiben!

1. Dialektische Erörterung: Was ist zu tun?

Warum fangen wir jetzt mit der dialektischen Erörterung an, wirst du vielleicht fragen. Die dialektische Form der Erörterung ist gleichsam die natürliche Form der Erörterung. In ihr werden ja die Argumente Pro und Contra gegenübergestellt, damit der Leser nach reiflicher Überlegung zu einem Urteil gelangen kann.

Wenn du dich durch den Aufbau einer dialektischen Erörterung durchgearbeitet hast, wird dir die steigernde Erörterung sicher nicht mehr schwer fallen.

Um uns mit dem Grundmuster einer dialektischen Erörterung wieder vertraut zu machen, betrachten wir noch einmal das Thema, das wir schon kennen:

▶ *„Höflichkeit – das ist doch nichts mehr für Leute von heute!"*
Was ist für Sie Höflichkeit? Diskutieren Sie, inwieweit Sie mit dieser Behauptung eines Jugendlichen einverstanden sind!

Nehmen wir also an, du hast dieses Thema gewählt,

- weil es dich anspricht,
- weil du dir schon einmal Gedanken dazu gemacht hast,
- weil es von den angebotenen Themen das kleinere Übel darstellt ...

Was ist nun zu tun?

Sechs Arbeitsschritte

1. Schritt: Erfassung des Themas

Um ein Thema wirklich zu verstehen, muss man man es genau analysieren und dabei jede Einzelheit beachten. Welche Formulierungen sind gewählt worden? Es ist ein Unterschied, ob es um Höflichkeit unter Jugendlichen, an der Schule oder allgemein um Höflichkeit im Zusammenleben der Menschen geht.

Wir suchen zuerst nach Hinweisen zur **Erörterungsform.** Bei unserem ersten Beispiel wissen wir schon Bescheid: Die Anweisung *„Diskutieren Sie ...!"* weist auf eine dialektische Erörterung hin.

Weiter: Welches sind die **zentralen Begriffe** der Aufgabenstellung? (Vielleicht hast du für **zentraler Begriff** auch **Themabegriff** oder **Leitbegriff** gelernt.)

Was verstehen wir darunter? Es handelt sich um den Begriff in der Themenstellung, der klar den Themenbereich festlegt. In unserem Fall ist der wichtigste Begriff „Höflichkeit", nicht etwa „Umgangsformen" oder „rüpelhaftes Verhalten".

Meistens ist es mit einem Begriff nicht getan – auch das Umfeld des ersten Begriffs ist genau zu untersuchen:

„Höflichkeit ... Leute von heute"

Damit ist klar: Es geht speziell um Höflichkeit in unserer Zeit.
Der Themabegriff kann also auch aus mehreren Wörtern bestehen!

Der Themabegriff (= Leitbegriff, zentraler Begriff) benennt den Kern der Problematik. Er sagt worum es geht und weist uns die Richtung für unsere Arbeit. Die Analyse des Themabegriffs ist folglich ein wichtiges Instrument zur Vermeidung einer Themaverfehlung.

Nun untersuchen wir die Arbeitsanweisung, die unter dem Thema steht:

Was ist für Sie Höflichkeit? Diskutieren Sie, inwieweit Sie mit dieser Äußerung eines Jugendlichen einverstanden sind!

Da wir schon festgestellt haben, dass es sich um eine dialektische Erörterung handelt, können wir annehmen, dass es bei dem Thema darum geht, das Für und Wider höflichen Verhaltens in unserer Zeit darzulegen.

Was machen wir aber mit der ersten Frage: „*Was ist für Sie Höflichkeit?*"

Diese Frage, nennen wir sie „Einstiegsfrage", soll dir den Zugang zum Thema erleichtern. Es bietet sich an, deine persönliche Definition von Höflichkeit an den Anfang deines Aufsatzes zu stellen. Doch zur Gestaltung der Einleitung später noch Genaueres (vgl. S. 17 – 19).

Formulieren wir gemeinsam die **Themafrage:**

Was spricht für, was gegen Höflichkeit in unserer Zeit?

Du hast jetzt die Themafrage gestellt und bist damit der Lösung deiner Aufgabe einen großen Schritt näher gekommen. Wenn du es schaffst, das Thema richtig zu analysieren, ist eine Themaverfehlung kaum mehr wahrscheinlich!

2. Schritt: Sammlung und Ordnung von Ideen und Informationen zum Thema

Du siehst schon an der langen Formulierung, dass bei diesem Schritt eine Menge zu tun ist.

Eigentlich umfasst dieser Schritt zwei gedankliche Leistungen. Zunächst versuchst du die von dir erarbeitete Themafrage so zu beantworten, dass du alles aufschreibst, was dir dazu einfällt.

Bei der Stoffsammlung helfen dir vielleicht folgende Ratschläge:

- Schreibe deine Einfälle in noch ungeordneter Form auf ein eigenes Blatt!
- Lass dabei einen möglichst großen Rand für spätere Bemerkungen!
- Vergiss nicht, dass Beispiele aus deinem eigenen Erfahrungs- und Wissenshintergrund immer überzeugender sind als schablonenhafte Allgemeinplätze!

Mögliche Fragestellungen zur ersten Annäherung an das Thema:

- Was sind deine persönlichen Erfahrungen?
- Was weißt du von deinem näheren Umfeld (Familie, Freunde, Mitschüler) zum Thema?
- Welchen Stellenwert hat das Thema in unserer Gesellschaft/in der heutigen Zeit allgemein?

Sehen wir uns das **Brainstorming** eines Schülers an:

Umgangsformen - altmodisch - Respekt - Vermeidung von Konflikten - Höflichkeit schadet dem persönlichen Fortkommen - immer alles herunterschlucken! - eine funktionierende Gesellschaft braucht Regeln - Höflichkeit = Zurückstecken

Du erkennst auf den ersten Blick, dass die Gedanken, die der Schüler sich notiert hat, von unterschiedlicher Qualität sind. Auch sind sie auf verschiedenen Sprachebenen angesiedelt – wie es eben der Fall ist bei einem assoziativen Vorgehen, also bei einem Verfahren, bei dem man alles aufschreibt, was einem gerade zum Thema einfällt.

Natürlich möchtest du in deiner Prüfung möglichst zeitsparend arbeiten und ökonomisch mit deiner Zeit umgehen. Da du ja kein Anfänger bist, wird es dir sicher auch gelingen, das *Brainstorming* bereits möglichst früh mit der *Stoffordnung* zu verbinden. Sie ist die Vorstufe zur Gliederung. Es geht darum, wie der Name sagt, Ordnung in deine Gedanken zu bringen. Manches was dir beim Stoffsammeln spontan einfällt, erweist sich beim Ordnen des Stoffes eventuell als unbrauchbar.

Wie du Ordnung schaffst bleibt dir überlassen. Beispielsweise eignen sich Farbstifte zur Markierung oder Symbole zur Kennzeichnung zusammengehöriger Gedanken. Auf die jeweils gewählte Methode kommt es nicht an. Wichtig ist dabei nur, dass du inhaltlich miteinander verwandte Punkte, so genannte Unterbegriffe, jeweils zu einem Oberbegriff zusammenfasst.

Bei einer dialektischen Erörterung wirst du gleich zwei Gruppen anlegen:

- Was spricht gegen Höflichkeit?
- Was spricht für Höflichkeit?

Was spricht gegen Höflichkeit?

- Ausleben der eigenen Persönlichkeit } *Oberbegriff*

- Verhinderung psychischer Probleme
- Förderung der Selbstverwirklichung } *Unterbegriffe*

...

Was spricht für Höflichkeit?

- Vermeidung von Konflikten } *Oberbegriff*

- Friedliches Zusammenleben
- Notwendigkeit von Regeln in einer Gesellschaft } *Unterbegriffe*

...

Aus den Oberbegriffen werden später die **Argumente,** aus den Unterbegriffen die **Belege**.

Übrigens:
Nicht die Menge an Argumenten macht eine gute Erörterung aus, sondern die Qualität. Manchmal lohnt es sich, an einem schlagkräftigen Argument länger „herumzubasteln“, anstatt viele Argumente zu bringen, bei denen jedes einzelne wenig Überzeugungskraft hat.

3. Schritt: Gliederung

Immer wieder äußern Schüler: „Ich brauche keine Gliederung!“ oder „Ich schreibe meine Gliederung, wenn ich den Aufsatz fertig habe!“ Es gibt einige wenige Naturtalente, denen so etwas tatsächlich gelingt. Meistens aber geht das Experiment schief! Gehen wir also auf Nummer sicher und halten fest: Eine Gliederung ist ein unverzichtbares Hilfsmittel, denn

- erstens legst du in der Gliederung die Reihenfolge der Argumente fest,
- zweitens fällt dir bei der Erstellung der Gliederung vielleicht noch ein wichtiges Argument ein,
- drittens hat eine Gliederung die Funktion eines „Plans“, durch den der Schreibprozess vorstrukturiert wird.

Wir stellen bei der dialektischen Erörterung die Position an den Anfang, die wir nicht unbedingt einnehmen. Die Position, der wir gewogen sind, stellen wir an die zweite Stelle; das stärkste Argument erscheint dabei am Schluss.

Jetzt wirst du vielleicht einwenden, dass du den Leser doch eigentlich objektiv beraten sollst. Um diesem Einwand zu begegnen müssen wir etwas ausholen. Die Erörterung ist eine schulische Kunstform. Du sollst zunächst an ihr lernen andere Positionen zu erfassen. Später wird es jedoch darüber hinaus nützlich sein, die Argumente der „gegnerischen Seite“ zu kennen und ihnen nicht nur durch eine rhetorisch geschickte Argumentation zu begegnen, sondern auch durch eine gekonnte Anordnung der einzelnen Argumente. Da die letztgenannten Argumente am besten im Gedächtnis haften bleiben, solltest du deine Argumente „steigernd“ anordnen: das aussagekräftigste als letztes, z. B.:

Argumente für Höflichkeit:

- Vermeidung von Konflikten (schwächeres Argument)
- Gegenentwurf zur materialistischen Welt (stärkeres Argument)

Bei einigen Themen wirst du neben Ober- und Unterbegriffen noch weitere Unterpunkte einführen müssen.

Merke aber:
Konkrete Beispiele gehören nicht in eine Gliederung!

Da du kein Anfänger mehr bist im Schreiben von Erörterungen, weißt du längst, dass am Ende der Gliederung nach der **These** und der **Antithese** die **Synthese** folgt. Das ist eine Abwägung und Bewertung aller Argumente.

Aber: Nicht jedes dialektische Thema erfordert ein Synthese. Wenn die beiden Standpunkte unvereinbar sind oder wenn man eigentlich weitere Unterscheidungen treffen müsste, um das Thema erschöpfend zu behandeln, kann man auf die Synthese verzichten. Im Übungsteil findest du beispielsweise ein Thema, das keine Synthese haben kann:

▶ *Sport ist heute ein Geschäft wie jedes andere. – Diskutieren Sie diese Behauptung!*

So kann eine Gliederung aussehen:

1. Möglichkeit:

A Einleitung

B Hauptteil

- I. These
  - 1. Argument
    - a)
    - b) Einzelaspekte
    - c)
  - 2. Argument
    - a)
    - b) Einzelaspekte
    - c)
- II. Antithese
  - 1. Argument
    - a)
    - b) Einzelaspekte
    - c)
  - 2. Argument
    - a)
    - b) Einzelaspekte
    - c)
- III. Synthese

C Schluss

2. Möglichkeit:

1 Einleitung

2 Hauptteil

2.1 These
2.1.1 Argument
2.1.1.1
2.1.1.2 Einzelaspekte
2.1.1.3
usw.

2.2 Antithese
2.2.1 Argument
2.2.1.1
2.2.1.2 Einzelaspekte
2.2.1.3
usw.

2.3 Synthese

3 Schluss

Diese Übersicht sagt noch nichts über die Formulierung der einzelnen Ober- und Unterpunkte aus.

Grundsätzlich ist es empfehlenswert, für alle Gliederungspunkte einheitliche Formulierungen zu wählen:

- also entweder immer ganze Sätze
- oder immer nur Stichwörter.

Man spricht in letzterem Fall von **erweiterter Stichwortform** oder auch von **Nominalstil**. Es ist die bevorzugte Form.

Merke:
Eine Gliederung kann in ganzen Sätzen abgefasst werden oder in erweiterter Stichtwortform.

Unseren konkreten Gliederungsvorschlag zum Thema *Höflichkeit* (in erweiterter Stichwortform) findest du auf S. 26.

4. Schritt: Gedanken zur Einleitung

Vielleicht wunderst du dich, warum wir uns erst jetzt mit der Einleitung befassen. Der Grund ist einfach: Aus deiner Praxis des Aufsatzschreibens weißt du wahrscheinlich, dass es viel einfacher ist einen Einleitungsgedanken zu fassen, wenn der Hauptteil schon steht.

Wie soll eine gute Einleitung aussehen?

Es gibt natürlich viele Möglichkeiten in ein Thema einzusteigen. Wir wollen einige genauer betrachten. Entscheide selbst, welche Einstiege zu deinem Thema passen oder welche dir besonders liegen.

Definition:

Höflichkeit meint ursprünglich das standesgemäß richtige Verhalten an einem Fürstenhof. Heute bedeutet Höflichkeit im eigentlichen Sinne rücksichtsvolles Umgehen miteinander, das getragen wird von gegenseitigem persönlichen Respekt. Höflichkeit ist also mehr als das Befolgen blutleerer Anstandsregeln.

Historischer Einstieg:

Noch vor wenigen Jahrzehnten war es jedem geläufig, in welcher Reihenfolge ein Herr und seine Begleiterin ein Lokal zu betreten hatten. Heute, da sich das Verhältnis der Geschlechter zueinander gewandelt hat, herrscht große Unsicherheit über das, was man für höflich zu halten hat.

Persönlicher Gedanke:

Letzte Woche warf mir meine Großmutter wieder einmal vor, dass die Jugend von heute nicht mehr wisse, was Höflichkeit sei. Da beschloss ich, mir ein paar Gedanken zu diesem Thema zu machen ...

Beim letzten Beispiel merkst du sofort, dass ein persönlicher Einstieg dieser Art für unser fortgeschrittenes Stadium im Verfassen von Erörterungen nicht mehr so gut geeignet ist.

Weitere Möglichkeiten:

- ein Zitat
- eine Statistik
- ein aktueller Anlass

Wenn dir ein gutes Zitat einfällt, du eine Statistik im Kopf hast oder gerade etwas passiert ist, was sich als aktueller Bezug zum Thema eignet, so ist das ein Glücksfall, den du für deine Einleitung nützen solltest. Ansonsten: Greif auf Bewährtes zurück – beginne mit einer Definition oder einem historischen Rückblick!

In der Gliederung umfasst der Einleitungsgedanke nur einen Satz oder einen Stichpunkt. In der Ausarbeitung wird der Gedanke dann ausgestaltet.

Denk daran: Es langweilt den Leser, wenn er denselben Abschnitt zweimal lesen muss – einmal in der Gliederung und einmal in der Ausarbeitung. Deshalb: *Variatio delectat!* (Für Nichtlateiner: Abwechslung erfreut den Leser!)

Die Einleitung in der Ausarbeitung umfasst mehrere Sätze. Sie stimmt selbstverständlich inhaltlich mit der Gliederung überein, ist aber ausführlicher. Das Ende der Einleitung, bisweilen zugleich Überleitung zum Hauptteil, besteht aus der Themafrage (vgl. S. 12). Sie muss allerdings nicht immer als Frage formuliert sein. Auch braucht sie die Themenstellung nicht wörtlich zu wiederholen.

Schematischer Aufbau der Einleitung:

Einstieg ⟶ Überleitungssatz* ⟶ Themafrage

*(kann fehlen)

„Höflichkeit – für viele Menschen und vor allem Jugendliche ist dieser Begriff heute fragwürdig oder sogar inhaltsleer. (...)	Einstieg mit persönlicher Aussage
Was bedeutet Höflichkeit eigentlich? Ursprünglich bezeichnete man damit das rechte Verhalten am Fürstenhof. Für mich bedeutet Höflichkeit heute, den Respekt vor der Privatsphäre des Einzelnen zu wahren. (...) Eine große Zahl von Menschen entscheidet sich allerdings immer häufiger gegen die Rücksichtnahme, die die Höflichkeit von ihnen verlangt.	(Überleitungssatz fehlt) – direkte Fortführung mit Themafrage

Wenn es nicht in dein Konzept passt, kannst du den Überleitungssatz auch weglassen. Im Beispiel oben hat sich der Schreiber dafür entschieden, nach der persönlichen Aussage gleich mit der Themafrage fortzufahren. Ein weiterer Überleitungssatz wäre sogar störend für den Gedankenfluss. Was wir dir an die Hand geben ist also eine Grobstruktur, die dir noch Freiräume beim „Füllen“ lassen soll.

Es ist allerdings wichtig, die Einleitung knapp und klar auszuführen und am Ende eindeutig die Themafrage aufzugreifen, auf die die Einleitung gedanklich und sprachlich hinführt.

5. Schritt: Die Gestaltung des Schlusses

Er beinhaltet keine neuen Argumente mehr, sondern rundet die Erörterung ab. Im Schlussteil verabschiedet sich der Schreiber gewissermaßen vom Leser, indem er das Thema wieder etwas in die Ferne rückt. Man sieht das Denkergebnis vom Hauptteil in einem größeren Zusammenhang, gewinnt also gegenüber dem Hauptteil wieder kritischen Abstand.

In der Gliederung erhält der Schluss im Prinzip die gleiche Form wie die Einleitung. Einleitung und Schluss geben deiner Arbeit einen Rahmen.

Deshalb kann der Schluss

- an die Einleitung anknüpfen (= die Themafrage beantworten),
- eine Anregung bringen,
- das Problem erweitern,
- einen Ausblick in die Zukunft geben,
- eine persönliche Stellungnahme enthalten.

Unser Aufsatzschreiber wählt eine Erweiterung des Problems, verbunden mit einer persönlichen Stellungnahme. Das ist schon an der Formulierung erkennbar: *Harmonisches Miteinander als Ideal.*

In der Ausführung kann das so aussehen:

Respektvolles Miteinander muss als erstrebenswerter Zustand gesehen werden. Ohne Höflichkeit erscheint die Welt barbarisch. Nach klassischem Ideal könnte man sagen: Die Neigung überwiegt die Pflicht. Also sollte die Höflichkeit zu unserer Neigung werden: maßvoll, intelligent, zivilisiert.

6. Schritt: Vertextung des Hauptteils

Mit der Vertextung von Einleitung und Schluss haben wir uns ja schon etwas „aufgewärmt" für die Ausarbeitung des Hauptteils.

Du gehst nach folgendem Schema vor:

- Ausformulierung des Arguments
- Darstellung der allgemeinen Richtigkeit der Arguments (= Begründung/Beleg)
- Anwendung der Begründung auf einen speziellen Fall (= Beispiel)
- Herstellung des Themabezugs

Wie ausführlich ein bestimmter Gliederungspunkt im Einzelnen ausgearbeitet wird, ob du eventuell zwei Beispiele bringen sollst, richtet sich danach, wie wichtig dir der Punkt erscheint, den du gerade bearbeitest. Manchmal brauchst du nicht einmal Beispiele aus deinem persönlichen Umfeld, sondern es genügt auf eine allgemeine Übereinstimmung, den *common sense*, zu bauen (Formulierungen wie: *„Wie allgemein bekannt ist", „Wie wir alle wissen", „Wie jedem sofort einleuchtet"* weisen auf so einen Fall hin).

Beispiel: Argument gegen Höflichkeit (Vermeidung psychischer Probleme)

Höflichkeit bedeutet stets, dass man sich selbst und seine Meinungen und Ideen etwas zurücknehmen muss. Geschieht dies zu oft, können leicht psychische und psychosomatische Probleme auftreten.	= Argument
Freudschen Theorien zufolge suchen sich sämtliche Enttäuschungen und aufgestaute Aggressionen, die ja durch Zurückstecken beziehungsweise höfliches Verhalten entstehen können, einen Ausweg.	= Beleg
Asiatische Kulturen können hier Beispiele liefern: Die Japaner etwa sind für uns ein Inbegriff der Höflichkeit, doch haben sie eine der weltweit höchsten Raten an Selbstmorden, d. h. an Akten selbstzerstörerischer Aggression zu verzeichnen. Vor allem aus südostasiatischen Ländern ist wiederum das Phänomen des Amoklaufs bekannt, die Kehrseite der geradezu sprichwörtlich kultivierten Sanftmut und Zuvorkommenheit sprich Selbstkontrolliertheit.	= Beispiel
Erzwungene, überwiegend formale Höflichkeit kann sich also im Extremfalle gegen den Menschen wenden und letztendlich zerstörerisches Potenzial freisetzen.	= Themabezug

Denk daran:
Eine gut nachvollziehbare Argumentation, die verständlich geschrieben ist, hat die besten Chancen, den Leser zu überzeugen.

Wenn du alle Argumente ausgearbeitet hast, folgt am Ende deines Hauptteil die Synthese:

Einem Jugendlichen kann man also nur raten, auch beim Thema Höflichkeit den goldenen Mittelweg zu beschreiten. Denn Extreme führen meist zu Problemen, übertriebene Höflichkeit zur Selbstaufgabe, Mangel an Höflichkeit zur Selbstisolation des Einzelnen.

Checkliste

1. Erfassung des Themas

- ✔ Erörterungsform feststellen
- ✔ Themabegriff klären
- ✔ Themafrage stellen

2. Sammlung und Ordnung von Ideen und Informationen

- ✔ Stoffsammlung
- ✔ Stoffordnung: Ober- und Unterbegriffe bilden

3. Gliederung

- ✔ Reihenfolge der Argumente festlegen
- ✔ stärkstes Argument am Schluss
- ✔ alphanumerische oder numerische Form
- ✔ ganze Sätze oder erweitere Stichwortform

4. Einstieg in den Aufsatz (Einleitung)

- ✔ Art des Einstiegs wählen
  - Definition
  - Historischer Überblick
  - Persönlicher Gedanke
  - Zitat
  - Statistische Angabe
  - Aktueller Anlass
- ✔ Abschluss mit Themafrage

5. Abrundung der Erörterung (Schluss)

- ✔ Ausführung der Gliederungspunkte
  - Anknüpfung an die Einleitung
  - Anregung
  - Persönliche Stellungnahme
  - Ausblick in die Zukunft
  - Erweiterung des Problems
- ✔ Wieder Distanz zum Thema gewinnen

6. Vertextung des Hauptteils

- ✔ Ausführung der Gliederungspunkte
  Argument —> Beleg —> Beispiel(e) —> Themabezug
- ✔ Synthese

Exkurs I: Aufbau einer Argumentation

Natürlich haben wir schon bei der Vertextung Hinweise zur Argumentation gegeben (vgl. S. 20). Wenn du mehr zu diesem Thema wissen oder einfach noch einmal etwas nachlesen willst, kannst du es an dieser Stelle tun.

Argumentieren heißt, eine strittige, d. h. bestreitbare Behauptung zu begründen oder zu untermauern. Von der äußeren Form her ist ein Argument nicht ohne weiteres zu erkennen, sondern nur durch den logischen Zusammenhang mit anderen Sätzen, also durch den Kontext.

Es gibt verschiedene Arten der Argumentation. Hier nur drei Beispiele:

- die so genannte „plausible" Argumentation:

  Sie leuchtet auf den ersten Blick zwar ein, ist aber vordergründig und bietet keine gedankliche Tiefe. Typisch für sie sind Allgemeinplätze und häufig auch eine übertriebene Darstellung.

- die „moralische“ Argumentation:

  Sie arbeitet mit der Darstellung allgemein anerkannter Verhaltensweisen und gesellschaftlicher Normen.

- die „rationale“ Argumentation:

  Sie bietet Fakten, Daten und Zahlen und wird logisch entwickelt.

Die letztgenannte Form stellt für uns den Idealfall dar. Allerdings weißt du sicher aus Erfahrung, dass man nach einiger Zeit abschaltet, wenn man mit Zahlen und Fakten „zugeschüttet“ wird. Deshalb kann die rationale Argumentation manchmal von den anderen beiden Formen unterstützt werden. Gerade bei den ethisch-moralischen Themen, die in der Zentralen Klassenarbeit häufig vorkommen, wirst du mit Zahlenmaterial wenig ausrichten können.

Doch dazu später mehr!

Eine entfaltete Argumentation enthält

These ⟶ Argument ⟶ Beleg ⟶ Beispiel

Hier ein Beispiel, das unabhängig ist von unseren Themen:

Fragestellung: *Ist das Auswendiglernen von Gedichten sinnvoll?*

Es ist sinnvoll, dass jeder Schüler pro Halbjahr drei Gedichte auswendig lernen muss,	=	These
weil *dadurch die Beschäftigung mit Literatur verstärkt wird,*	=	Argument
denn *die poetischen Worte prägen sich beim Lernen deutlich ein;*	=	Beleg
so *erlebe ich beispielsweise den Reim dabei intensiver als beim bloßen Lesen.*	=	Beispiel

So sieht also eine „Standardargumentation" aus. Wenn du dann schon Profi bist, kannst du das Schema auch umdrehen und mit dem Beispiel beginnen. Das bleibt im Einzelfall deiner Entscheidung überlassen.

Exkurs II: Absätze und Überleitungen

In diesem Exkurs kommen wir zu zwei Punkten, die dir eigentlich altvertraut sind. Wir wollen uns aber zur Sicherheit noch einmal damit befassen.

Absätze

Schüler sind meist sehr sparsam im Umgang mit Papier. Dabei ist es gerade bei einer Erörterung, einer sehr komplexen und „langen" Textart, sehr wichtig, dass der Leser immer weiß, wann ein neuer Gedanke beginnt. Der Leser muss ohne Gliederung in der Lage sein, sich in deinem Text zurechtzufinden. Absätze ermöglichen das. Wir machen also vor jedem neuen Gedanken einen Absatz, spätestens jedoch vor jedem neuen Gliederungspunkt.

Überleitungen

In der Gliederung werden deine Gedanken voneinander getrennt aufgeschrieben. Wenn du die einzelnen Gliederungspunkte jetzt unverbunden nebeneinander setzt, so baust du eine Mauer aus Steinen ohne Mörtel. Mit diesem Mörtel sind die Überleitungen gemeint.

Überleitungen haben also zwei wesentliche Funktionen:

- Sie verknüpfen ein Argument mit dem anderen.
- Sie schaffen fließende Übergänge zwischen den drei großen Teilen der Erörterung.

Folgende Formulierungen sind möglich:

Reihung: *außerdem, ferner ...*

Steigerung: *wesentlich größer als, viel wichtiger jedoch, schwerer wiegt ...*

Gegenüberstellung: *nicht nur, sondern auch; bisher ging es um, jetzt wenden wir uns ... zu; ...*

Sicher leuchtet dir jetzt ein, wozu man Überleitungen braucht. Doch versuche Variationen zu finden.

Merke:
Nichts ist für den Leser langweiliger als eine Aneinanderreihung von *ferner, darüber hinaus ...*

Aufbau einer Argumentation

✔ Verschiedene Arten der Argumentation:

- die „plausible" Argumentation
- die „moralische" Argumentation
- die „rationale" Argumentation

✔ Die entfaltete Argumentation enthält:

These —> Argument —> Beleg —> Beispiel

Absätze und Überleitungen

✔ Absätze strukturieren den Text

✔ Überleitungen

- verknüpfen Argumente
- schaffen fließende Übergänge

Musteraufgabe: Aufsatzbeispiel I

► *„Höflichkeit – das ist doch nichts mehr für Leute von heute!"*

Was ist für Sie Höflichkeit? Diskutieren Sie, inwieweit Sie mit dieser Behauptung eines Jugendlichen einverstanden sind!

Gliederung

1 Definition von Höflichkeit

2 Argumente für und gegen Höflichkeit in unserer Welt

2.1 Argumente gegen Höflichkeit
2.1.1 Sicherung der eigenen Karriere
2.1.2 Ausleben der eigenen Persönlichkeit
2.1.2.1 Vermeidung psychischer Probleme
2.1.2.2 Förderung von Selbstverwirklichung
2.2 Argumente für Höflichkeit
2.2.1 Vermeidung von Konflikten
2.2.1.1 Ermöglichung eines friedlichen Zusammenlebens in der Familie
2.2.1.2 Organisation der Gesellschaft durch Regeln
2.2.2 Gegenentwurf zur materialistischen Gesellschaft

2.3 Beschreiten des Mittelwegs

3 Harmonisches Miteinander als Ideal

Ausführung

Einleitung: Gegenwartsbezug

Definition (hist./allg.)

Höflichkeit – für viele Menschen und vor allem für viele Jugendliche ist dieser Begriff heute bedeutungslos und inhaltsleer. Die alten, antiquierten Umgangsformen haben sich überlebt; die heutige Gesellschaft hat sie, so scheint es, als unnötig „selektiert". Doch was bedeutet Höflichkeit eigentlich? Ursprünglich bezeichnete man damit das rechte Verhalten am fürstlichen Hof. Denn allgemein verbindliche Vereinbarungen über das Betragen waren dort unverzichtbar, um das Zusammenleben der Höflinge zu regeln und den Machterhalt des Einzelnen bzw. die Ständehierarchie zu sichern.

Heute ist man von der wörtlichen Bedeutung abgekommen, da der Individualismus der Menschen einen immer größeren Stellenwert einnimmt und die Höflichkeit oft zu einer Leerformel verkommt. Für mich bedeutet Höflichkeit nur noch, die Achtung und den Respekt vor der Privatsphäre des Einzelnen zu wahren. Dieser Respekt hat Rücksichtnahme zur Folge, denn Höflichkeit und Rücksichtnahme sind untrennbar miteinander verbunden und stellen eine unausgesprochene Vereinbarung zwischen Menschen dar, die Intimsphäre des anderen nicht zu verletzen.

Definition (pers.)

Themafrage

Hauptteil

These

Eine große Anzahl von Menschen entscheidet sich allerdings immer häufiger gegen die Rücksichtnahme, die Höflichkeit von ihnen verlangen würde. Es gibt wohl tatsächlich einige Gründe, in unserer Zeit auf Höflichkeit zu verzichten.

Argument

Um sich Erfolg in Beruf oder Schule zu sichern, unterstützt Ellbogenmentalität das Fortkommen mehr als Höflichkeit und Respekt. Das Prinzip lautet: Nach unten treten, nach oben buckeln.

Nur dem Vorgesetzten gegenüber sind Überreste von „Höflichkeit“, nämlich Formen des Einschmeichelns, günstig. Gegen Menschen auf der gleichen Ebene ist Rücksicht unnötig, ja sogar schädlich. Denn vorwärts kommt nur, wer die eigenen Interessen vertritt; und in der modernen Gesellschaft hat nur der Prestige, der erfolgreich ist. Äußerlich gesehen ist Höflichkeit für alle Strebsamen und eigentlich für jeden Menschen nur hinderlich: Denn wer möchte schon beruflich zurückstecken oder sozial absteigen aus falsch verstandener Rücksichtnahme? Unsere Leistungsgesellschaft fordert ihren Tribut – die Höflichkeit bleibt auf der Strecke.

Beleg

pers. Bezug zum Leser

Argument

Höflichkeit bedeutet stets, dass man sich selbst und seine Meinungen und Ideen etwas zurücknehmen muss. Geschieht dies zu oft, so können leicht psychische Probleme auftreten, die sich zum Beispiel in psychosomatischen Beschwerden niederschlagen.

Beleg

Freudschen Theorien zufolge suchen sich Enttäuschungen und aufgestaute Aggressionen einen Weg zum Ausbruch, zur Verarbeitung. Diese Enttäuschungen beeinflussen unser Unterbewusstsein, bis dieses überlastet ist. Dann erkrankt entweder die Seele oder deren Belastungen finden ihren Spiegel in unserem Körper: Magengeschwüre und Asthma können die Folge sein. Es mag sein, dass diese Zusammenhänge, in die unterdrückte Regungen und die Zurücknahme der eigenen Persönlichkeit gestellt werden können, übertrieben wirken.

allg. Beispiel

konkretes Beispiel

Asiatische Kulturen können hier Beispiele liefern: Die Japaner etwa sind für uns ein Inbegriff der Höflichkeit, doch haben sie eine der weltweit höchsten Raten an Selbstmorden, d. h. an Akten selbstzerstörerischer Aggression zu verzeichnen. Vor allem aus südostasiatischen Ländern ist wiederum das Phänomen des Amoklaufs bekannt, die Kehrseite der geradezu sprichwörtlich kultivierten Sanftmut und Zuvorkommenheit, sprich Selbstkontrolliertheit.

Zusammenfassung

Erzwungene, überwiegend formale Höflichkeit kann sich also im Extremfalle gegen den Menschen wenden und letztendlich zerstörerisches Potenzial freisetzen.

Überleitung

Eine Reihe von Gründen spricht also gegen Höflichkeit und damit gegen Rücksichtnahme im alltäglichen Leben. Allerdings – die richtige Balance ist wichtig. Nehmen wir zum Beispiel Taiwan:

Beispiel: Hinführung zur Antithese

Dieses Land ist erst seit kurzem ein demokratischer Staat. Dort werden die wildesten Parlamentssitzungen abgehalten, mit Schlägereien, Verletzten, Beleidigten. Wie die meisten Asiaten sind die Bewohner Taiwans im Alltag zwar an äußere Höflichkeit gebunden. Sie sind es aber vermutlich nicht gewöhnt Diskussionen zu führen, und zwar mit schlagkräftigen Argumenten statt mit Fäusten. Es fehlt die Übung. Individuelle Persönlichkeit im abendländischen Sinn ist nur teilweise entwickelt.

Antithese (in Frageform)

Was kann nun für Höflichkeit angeführt werden?

Argument

Höflichkeit kann auch Toleranz und Frieden in einer von Vorurteilen und Gewalt beherrschten Zeit bedeuten.

Beispiel

„Ich möchte nicht dauernd mit meinen Eltern herumstreiten!“ So klagen Jugendliche. Aus Harmoniebedürfnis stellen sie dann den eigenen Willen zunächst zurück und fügen sich aus Respekt und Achtung vor ihren Eltern. Ein friedlicheres und ruhigeres Zusammenleben wird so gewährleistet.

Einschränkung

Selbstverständlich sollte das Einlenken nicht zum Normalzustand werden, da sonst ununterbrochen Eigeninteressen aufgegeben werden.

Argument

Gleichzeitig fordert uns die Höflichkeit dazu auf, den Anstand in der Gesellschaft zu wahren und die nötige Ordnung aufrechtzuerhalten.

Beispiel

Ein Gedankenspiel: Die Leute nehmen keine Rücksicht mehr aufeinander. Niemand will nachgeben, keiner lässt dem anderen den Vortritt, ältere Personen werden hemmungslos „übergangen“. Den alten Menschen wäre eine wichtige Hilfestellung in ihrem beschwerlichen Leben genommen, wenn sie nicht mehr mit der Aufmerksamkeit ihrer Umwelt rechnen könnten. Ihre persönliche Würde wäre beeinträchtigt. Verdienen sie es nicht, rücksichtsvoll behandelt zu werden?

Appell

Unsere Aufgabe sollte es sein, zumindest hier Höflichkeit, Rücksichtnahme, Respekt zu zeigen. Dieser Respekt sorgt dafür, dass soziales Miteinander möglich bleibt. Nur so können auch körperlich Schwache eine Chance erhalten.

Eine Folge davon könnte sein, dass das reine Nutzdenken, der gnadenlose Materialismus, durchbrochen werden kann.	Beleg
Etwas mehr Menschlichkeit für alle wäre das Resultat. Da Höflichkeit auch Beschränkung von Egozentrik bedeutet, entsteht ein größerer Freiraum auch für Minderheiten und kontroverse Ansichten, also Toleranz.	Argument
Gerade das bereits erwähnte Ellbogenprinzip könnte überflüssig oder doch in seinen Auswirkungen gemildert werden –	Beleg
angesichts der herrschenden Zustände natürlich eine utopische Vorstellung. Denn dazu müssten alle Menschen bereit sein.	Einschränkung
Einem Jugendlichen kann man also nur raten, auch beim Thema Höflichkeit den goldenen Mittelweg zu beschreiten. Denn Extreme führen meist zu Problemen, übertriebene Höflichkeit zur Selbstaufgabe, Mangel an Höflichkeit zur Selbstisolation des Einzelnen.	**Synthese**
Harmonisches Miteinander muss als erstrebenswerter Zustand gesehen werden. Ohne Höflichkeit erscheint die Welt barbarisch. In Abwandlung des klassischen Ideals könnte man sagen: Die Neigung überwiegt die Pflicht. Also sollte die Höflichkeit zu unserer Neigung werden: maßvoll, intelligent, zivilisiert.	**Schlussgedanke:** utopischer Entwurf

2. Lineare Erörterung: Was ist zu tun?

Sechs Arbeitsschritte

Auch bei einer linearen Erörterung kommt es darauf an, das Thema zunächst einmal genau zu betrachten.

1. Schritt: Auswahl des Themas

Einige Hinweise zur Entscheidung haben wir schon auf S. 10 gegeben. Hier noch einige Bemerkungen zu den Zitaten, in die Erörterungen häufig gekleidet sind, zum Beispiel:

- *„Es gibt wenig aufrichtige Freunde – die Nachfrage ist auch gering.“ (Marie von Ebner-Eschenbach)*

  Erläutern Sie diesen Ausspruch und legen Sie die Bedingungen für eine aufrichtige Freundschaft dar.

Schülerinnen und Schüler lassen sich durch Zitatthemen leicht abschrecken; diese wirken offensichtlich mitunter zu anspruchsvoll; doch der Schrecken legt sich, sobald man sie richtig zu lesen weiß.

- Erstens lassen sich Äußerungen von prominenten Persönlichkeiten grundsätzlich geradesogut hinterfragen und diskutieren wie andere auch – beispielsweise kann sich die historische Perspektive oder der Wissensstand geändert haben.
- Zweitens zielt die Themenstellung in den meisten Fällen gar nicht auf die Bestätigung oder Widerlegung einer prominenten Position ab, sondern bedient sich des Zitats als eines interessanten Aufhängers. Die eigentliche Aufgabenstellung folgt häufig erst nach dem Zitat.
- Drittens können Zitatthemen Material für gute Einleitungen bieten, man muss sie nur zu nützen wissen. Darauf kommen wir später noch einmal zurück (s. S. 33 f., 41).

Da Zitate mit linearen und dialektischen Themen verknüpft werden, ist es besonders wichtig, den Wortlaut der Arbeitsanweisung genau zu erfassen.

2. Schritt: Erfassung des Themas

Bei der Erfassung des Themas ist jede Einzelheit wichtig. Die Formulierung von Erörterungsthemen ist in der Regel genau durchdacht. Ebenso genau müssen wir die Themenstellung analysieren. Suchen wir also wieder nach Hinweisen zur **Erörterungsform** des oben genannten Themas:

➪ Die Begriffe *Gründe* und *Voraussetzungen* und die Formulierung: *Stellen Sie ... dar!* weisen eindeutig auf eine lineare Erörterung hin.

Welches sind die **zentralen Begriffe** der Aufgabenstellung?
[Was unter dem zentralen Begriff (Thema-/Leitbegriff) zu verstehen ist, kannst du auf S. 11 f. nachschlagen].

➪ Im Mittelpunkt des Themas stehen die Begriffe „aufrichtige Freunde“ und „echte Freundschaft“.

Damit lässt sich auch bereits der zweite Teil der **Themafrage** erfassen:

➪ Du sollst dir Gedanken darüber machen, wie eine Freundschaft, die ihren Namen verdient, aussehen kann bzw. wovon ihr Gelingen abhängt.

Doch wir haben nicht nur eine Themafrage – das gestellte Thema ist mehrteilig-linear. Was ist mit dem ersten Teil der Fragestellung zu tun?

➪ Ähnlich wie bei Musteraufgabe I (S. 26 ff.) erhältst du einen Zugang zur Themenstellung, indem du dich mit dem Inhalt der ersten Zeile, dem Zitat, auseinander setzt: *„Es gibt wenig aufrichtige Freunde – die Nachfrage ist auch gering!“*

Es geht in diesem Fall nicht darum, ob du die Aussage richtig findest. Du gehst einfach davon aus, dass die Aufgabenstellung zutreffend ist und dass sie vor allem Ausgangspunkt und Grundlage ist für die eigentliche Frage.

Was besagt also das Zitat, welchen Zusammenhang liefert es?

- Erstens: Nur eine geringe Anzahl von Menschen kann man als aufrichtige Freunde bezeichnen.
- Zweitens: Es gibt auch nur wenige Menschen, die die Aufrichtigkeit bzw. die aufrichtige Meinung eines Freundes akzeptieren.

Demnach ist es deine Aufgabe, Gründe zu finden, warum die wenigsten Menschen bei ihren Freunden Aufrichtigkeit wirklich schätzen.

Da unser Thema nicht einteilig-linear, sondern mehrteilig-linear ist, gibt es auch mehr als eine Themafrage. Somit können wir unsere **zwei Themenfragen** formulieren:

- Welches sind die Gründe für eine geringe Nachfrage nach aufrichtiger Freundschaft?
- Welches sind die Voraussetzungen für echte Freundschaft?

3. Schritt: Sammlung und Ordnung von Ideen und Informationen zum Thema

Bei diesem Schritt schreiben wir als Erstes alles auf was uns einfällt:

Kritik – gut gemeinte Hinweise ablehnen – gekränkte Eitelkeit – verletzte Gefühle – Kompromisse – eigene Vorstellungen nicht absolut – eigene Rechte? – Treue – was will der Freund? – Übereinstimmung

Diese Gedanken sind völlig unstrukturiert aufgeschrieben und daher auch von unterschiedlicher Qualität. Deshalb folgt als nächster Schritt die Stoffordnung. Wähle die Methode, die dir liegt – Farbstifte oder Symbole – und bilde zwei Gruppen:

Gründe für die geringe Nachfrage

– Gefühl persönlicher Zurückweisung bei Kritik	*Oberbegriff*
– gekränkte Eitelkeit – Ablehnung gut gemeinter Hinweise	*Unterbegriffe*

Voraussetzungen für eine echte Freundschaft

– Verzicht auf unbedingte Durchsetzung der eigenen Rechte	*Oberbegriff*
– sich in den Partner hineinversetzen – eigene Vorstellungen aufgeben – Kompromisse schließen	*Unterbegriffe*

Gerade bei einem Thema wie dem vorliegenden Freundschaftsthema ist wesentlich, dass nicht die Fülle der Argumente ausschlaggebend ist, sondern die Tiefe der Gedanken. Führe also wenige gute Gedanken sorgfältig aus!

4. Schritt: Gliederung des Hauptteils

(Zur Frage nach dem Sinn von Gliederungen siehe Seite 15 ff.)

Bei einer linearen Erörterung musst du natürlich nicht überlegen, mit welchem der beiden großen Punkte du anfangen willst. Das ist ja durch die Anordnung in der Fragestellung schon vorgegeben. Aber die einzelnen Argumente müssen **steigernd**, d. h. nach ihrer Überzeugungskraft geordnet sein.

Also fängst du bei beiden Blöcken des Hauptteils jeweils mit dem schwächsten Argument an und hörst mit dem stärksten auf. Beispiel:

Gründe für die geringe Nachfrage nach aufrichtigen Freunden

- Forderung nach Übereinstimmung unter Freunden
- Gefühl der persönlichen Zurückweisung durch Kritik
- Angst vor Gesichtsverlust durch Kritik

Auch für ein lineares Thema gilt:
Keine konkreten Beispiele in der Gliederung!

[Über das Aussehen einer Gliederung kannst du dich ausführlich im vorigen Kapitel informieren (S. 15 ff.)].

Lies nun unseren Gliederungsvorschlag auf S. 37 durch.

5. Schritt: Einleitung und Schluss

Wie könnte eine Einleitung zum Thema „Freundschaft" aussehen?

Eine Möglichkeit ist der Einstieg über eine Begriffserklärung oder **Definition**:

Das althochdeutsche Wort „friunt" bedeutet ursprünglich „der Freiende, Freier", daher heißt friunt später auch „Verwandter". Ein Freund gilt laut Lexikon als Wohlgesinnter, Genosse, Verbündeter. Die letztgenannte Bedeutung liegt beispielsweise vor, wenn man von „befreundeten Staaten" spricht. Freundschaft im privaten Bereich lässt sich so umschreiben: ein Verhältnis zwischen Menschen, das beiderseits auf Achtung, Vertrauen und Treue gegründet ist. Freundschaften dieser Art sind nun in der Tat relativ selten anzutreffen, aber nicht deswegen, weil „die Nachfrage gering" wäre …

Wenn dir so ein „wissenschaftlicher" Einstieg in deiner Prüfung nicht einfällt, empfehlen wir den Einstieg über das schon vorgegebene **Zitat**:

„Es gibt wenig aufrichtige Freunde – die Nachfrage ist auch gering." Dieser Ausspruch von Marie von Ebner-Eschenbach, einer Schriftstellerin des 19. Jahrhunderts, wirkt für den modernen Leser erstaunlich zeitgemäß. Es scheint, als hätten sich die Einstellungen der Menschen zur Freundschaft in den letzten hundert Jahren kaum verändert. Heute wie damals besteht Interesse an anderen Menschen und damit an freundschaftlichen Verbindungen.

In der Gliederung umfasst der Einleitungsgedanke nur einen Satz oder einen Stichpunkt. In der Ausarbeitung wird der Gedanke dann ausgestaltet.

Denk daran: Es langweilt den Leser, wenn er denselben Abschnitt zweimal lesen muss – einmal in der Gliederung und einmal in der Ausarbeitung.

Bei unserer Beispielgliederung ist der Einleitungsgedanke als Frage formuliert: *Ist aufrichtige Freundschaft heute noch gefragt?*

Auf die Einleitung müssen **Überleitung** und **Themafrage** folgen, in unserem Beispiel:

Heute wie damals stellt sich die Frage, warum aufrichtige Freunde kaum gesucht werden. Zunächst soll der Versuch unternommen werden, Gründe für die Oberflächlichkeit und Unaufrichtigkeit in Freundschaften aufzuzeigen.

Wie sieht ein guter Schluss aus?

Der Schluss rundet deine Arbeit ab. Er kann neue Gesichtspunkte bringen, beispielsweise in Form eines Ausblicks auf künftige Entwicklungen; du sollst aber keinesfalls noch einmal in die Argumentation einsteigen.

Da bei unserem Thema die Themafragen hinreichend beantwortet sind, wirft der Aufsatzschreiber einen Blick auf gesellschaftliche Tendenzen. Das behandelte Problem wird also um die gesellschaftliche Dimension erweitert, die im Hauptteil kaum zur Sprache kommt. Der Gliederungspunkt lautet:

Gesellschaftliche Tendenzen behindern die Entwicklung echter Freundschaft

In der Ausführung sieht das so aus:

In der Realität allerdings scheitern echte Freundschaften meist schon an den Rahmenbedingungen. Wie oben ausgeführt ist ein Hindernis für aufrichtige Freundschaft die egozentrische Freundschaftsauffassung vieler Menschen. Moderne gesellschaftliche Trends tragen hierzu sicherlich ihren Teil bei, indem sie egozentrische Verhaltensweisen fördern. Soziale Tugenden werden als Schwäche ausgelegt. Auch die Schnelllebigkeit unserer Zeit schadet der Freundschaft, die ja von Beständigkeit lebt!

6. Schritt: Vertextung des Hauptteils

Das Schema, nach dem du bei der Vertextung vorgehen sollst, entspricht genau demjenigen, das wir bei der dialektischen Erörterung vorgestellt haben (vgl. S. 20 f.).

Du unternimmst folgende Arbeitsschritte:

- Ausformulierung des Arguments
- Darstellung der allgemeinen Richtigkeit der Arguments (= Begründung/ Beleg)
- Anwendung der Begründung auf einen speziellen Fall (= Beispiel)
- Herstellung des Themabezugs

Argument → Beleg → Beispiel(e) → Themabezug

Ein Hinweis für populärphilosophische Themen wie unser Freundschaftsthema: Nicht in jedem Fall wird es dir gelingen, gute Beispiele aus deiner näheren Umgebung zu finden. Zu leicht klingt es banal, wenn man schreibt:

„Neulich hatte ich mit meiner Freundin/meinem Freund ein ähnliches Problem ...“

Wenn kein direkter persönlicher Bezug in der Themenstellung verlangt ist, vermeide allzu persönliche Aussagen und hebe deine Belege und Beispiele auf ein allgemeines Niveau!

Beispiel:

2.2 Voraussetzungen für echte Freundschaft
2.2.5 Bereitschaft, Zeit zu investieren

Entscheidend wird dieser Prozess (gemeint ist die Annäherung zwischen Freunden) *von der Zeit, die man miteinander verbringt, beeinflusst.*	=	Argument, 1. Teil
Nur gemeinsame Erfahrungen über mehrere Jahre stellen die notwendige Nähe und Vertrautheit her.	=	Argument, 2. Teil
Man sollte daher immer bereit sein, für einen guten Freund Zeit zu haben.	=	Beleg
Nichts kann verletzender sein als ein nachlässiges: „Keine Zeit!“ von einem Freund genau dann, wenn man ihn am nötigsten braucht.	=	allgemein gültiges Beispiel

Weitere Hinweise zur Vertextung findest du auf S. 20 f.. Auch die beiden Exkurse zu Argumentation, Absätzen und Überleitungen im vorigen Kapitel solltest du dir bei der Gelegenheit ansehen, sofern du sie noch nicht gelesen hast (vgl. S. 23 ff.).

Checkliste

1. Auswahl des Themas

- ✔ Zitate: Aufhänger für die Aufgabenstellung
- ✔ Zitate: Material für gute Einleitungen

2. Erfassung des Themas

- ✔ Welche Erörterungsform?
- ✔ Zentrale Begriffe der Aufgabenstellung
- ✔ Einteilig-lineare oder mehrteilig-lineare Aufgabenstellung?
- ✔ Welche Themafrage(n)?

3. Sammlung und Ordnung von Ideen und Informationen

- ✔ Stoffsammlung
- ✔ Stoffordnung:
  Ober- und Unterbegriffe bilden

4. Gliederung des Hauptteils

- ✔ Steigernde Anordnung der Argumente
- ✔ Keine konkreten Beispiele in der Gliederung

5. Einleitung und Schluss

- ✔ Einleitung: Art des Einstiegs wählen
- ✔ Schluss: Erörterung abrunden

6. Vertextung des Hauptteils

- ✔ Schema anwenden:
  Argument —> Beleg —> Beispiel(e) —> Themabezug
- ✔ Absätze und Überleitungen nicht vergessen

Musteraufgabe: Aufsatzbeispiel II

> ▶ *„Es gibt wenig aufrichtige Freunde – die Nachfrage ist auch gering." (Marie von Ebner-Eschenbach)*
>
> *Erläutern Sie diesen Ausspruch und legen Sie die Bedingungen für eine aufrichtige Freundschaft dar.*

Gliederung

1 Aktualität des Themas

2 Gründe für geringe Nachfrage und Voraussetzungen für echte Freundschaft
2.1 Gründe für die geringe Nachfrage nach aufrichtigen Freunden
2.1.1 Forderung nach unbedingter Übereinstimmung der Meinungen
2.1.2 Gefühl der Zurückweisung durch Kritik
2.1.3 Angst vor dem Verlust des persönlichen Ansehens
2.2 Voraussetzungen für echte Freundschaft
2.2.1 Orientierung an inneren Werten
2.2.2 Bereitschaft zu Kompromissen
2.2.3 Offenheit und Kritikfähigkeit
2.2.4 Gegenseitiges Vertrauen
2.2.5 Bereitschaft, Zeit zu investieren

3 Echte Freundschaft im Widerspruch zum Ego-Trend der Zeit

Ausführung

Einleitung: Zitat

„Es gibt wenig aufrichtige Freunde – die Nachfrage ist auch gering." Dieser Ausspruch von Marie von Ebner-Eschenbach, einer Schriftstellerin des 19. Jahrhunderts, wirkt für den modernen Leser erstaunlich zeitgemäß. Es scheint, als hätten sich die Einstellungen der Menschen zur Freundschaft in den letzten hundert Jahren kaum verändert. Heute wie damals besteht Interesse an anderen Menschen und damit an freundschaftlichen Verbindungen. Heute wie damals stellt sich aber auch die Frage, warum aufrichtige Freunde kaum gesucht werden.

Themafrage

Hauptteil: Gründe	*Zunächst sollen die Gründe für die Oberflächlichkeit und Unaufrichtigkeit von Freundschaft aufgezeigt werden.*
Argument Beleg	*Aufrichtige Freundschaft besteht eigentlich darin, unangenehme Wahrheiten nicht zu verschweigen und den Partner auf seine Fehler hinzuweisen, wo es nötig erscheint. Manche Menschen erliegen allerdings dem Trugschluss, dass Freunde immer einer Meinung sein müssen. Freundschaft bedeutet für diese Menschen absolute Loyalität zu jeder Zeit. Sie sehen jede Kritik aus dem Freundeskreis als Verrat an und fühlen sich nicht mehr angenommen. Dabei erkennen sie aber nicht, dass ein ehrliches Wort zum richtigen Zeitpunkt mitunter ein größerer Freundschaftsdienst ist als kritiklose Zustimmung.*
Argument konkreter Bezug Erläuterung	*Dies ist auch verständlich, denn jeder Mensch sieht sich selbst gerne in positivem Licht und ist auf Bestätigung durch seine Freunde angewiesen. Bleibt diese Bestätigung aus, so ist man leicht in seiner Eitelkeit gekränkt. So hat es jeder von uns schon erlebt, dass er durchaus angebrachte Hinweise zunächst ablehnt. Diese Ablehnung kann man nicht begründen – sie beruht nämlich nur auf dem oben erwähnten Gefühl der persönlichen Zurückweisung.*
Überleitung	*Dieser Gedanke lässt sich noch weiterverfolgen:*
Argument Erklärung: Berufung auf common sense	*Fehler, die man vor sich selbst kaum eingesteht, lässt man sich nur ungern von anderen vorhalten oder gibt sie gar öffentlich zu. Man fürchtet wohl um das Ansehen seiner gesamten Persönlichkeit, wenn einzelne Handlungen oder Eigenschaften in Frage gestellt werden. Es ist einfach viel bequemer, sich von seinen Freunden das Bild, das man von sich selbst aufgebaut hat, bestätigen zu lassen, als Kritik anzunehmen und sich mit ihr auseinander setzen zu müssen.*
Überleitung	*All diesen Reaktionen auf gut gemeinte, aufrichtige Kritik liegt eine stark ichbezogene und kurzsichtige Freundschaftsauffassung zugrunde. Dieser Auffassung lässt sich das Ideal einer echten Freundschaft gegenüberstellen. Gerade in unserer Gesellschaft treten familiäre Bindungen zunehmend in den Hintergrund. Umso mehr kommt echten Freunden eine entscheidende Rolle für das Glück des Einzelnen zu.*
Vorauss. für Freundschaft	*Wie sehen nun solche aufrichtigen Freunde aus?*
Argument Postulat Beleg	*Zunächst kommt es darauf an, dass man den anderen seiner Persönlichkeit wegen schätzt und sich nicht von Äußerlichkeiten blenden lässt. Denn die inneren Werte eines Menschen sind die bleibenden und eine wahre Freundschaft sollte auf Bestand ausgerichtet sein. Man hat nachgewiesen, dass jeder Mensch feste Bezugspersonen braucht, die ihm über Jahre hinweg Wärme und*

Geborgenheit vermitteln können. Sie geben ihm Rückhalt in einem Berufsleben, das nun einmal stark von Konkurrenzkampf und Profilierungsdruck geprägt ist. Gerade deswegen darf ein Freund nicht um irgendwelcher kurzfristigen materiellen Vorteile willen am anderen interessiert sein. Wahre Freundschaft muss zweckfrei sein.

Folgerung

Wie in allen Formen des Zusammenlebens muss der Einzelne auch in der Freundschaft auf bestimmte Persönlichkeitsrechte zugunsten der Gemeinschaft verzichten. Denn sonst wird ein sinnvolles Zusammenleben unmöglich gemacht. Hier muss jeder sich in die Lage des Partners hineinversetzen und bereit sein, eventuell die eigenen Vorstellungen aufzugeben. Im Idealfall entstehen dann Kompromisse, mit denen beide gut leben können.

Argument
Postulat
Ergebnis

Jeder sollte sich außerdem bemühen, offen und ehrlich zu sein. Heimlicher Groll, ein nicht eingestandener Fehler oder unausgesprochene Vorwürfe können zu großen Problemen in einer freundschaftlichen Beziehung führen. Ein klärendes Wort zur rechten Zeit kann kleine Unstimmigkeiten schnell beseitigen und die Entstehung von größeren Konflikten vermeiden.

Argument
Beispiel
Lösung

Eine der wichtigsten Voraussetzungen für echte Freundschaft ist ein starkes gegenseitiges Vertrauen. Jeder muss sich auf den anderen verlassen können, muss ihm Geheimnisse bedenkenlos anvertrauen und mit der Hilfe des anderen in schwierigen Situationen rechnen können. Dieses bedingungslose Vertrauen kann nicht von heute auf morgen entstehen; es ist immer Ergebnis eines langen Prozesses, in dem sich jeder Partner als verlässlich und vertrauenswürdig erweisen muss.

Argument
Bedingungen

Entscheidend wird dieser Prozess von der Zeit, die man miteinander verbringt, beeinflusst. Nur gemeinsame Erfahrungen über mehrere Jahre stellen die notwendige Nähe und Vertrautheit her. Man sollte daher immer bereit sein, für einen guten Freund Zeit zu haben. Nichts kann verletzender sein als ein nachlässiges: „Keine Zeit!" von einem Freund genau dann, wenn man ihn am nötigsten braucht.

Weiterführung
Argument
Beleg
Beispiel

Schluss

In der Realität allerdings scheitern echte Freundschaften meist schon an den Rahmenbedingungen. Wie schon ausgeführt ist ein Hindernis für aufrichtige Freundschaft die egozentrische Freundschaftsauffassung vieler Menschen. Moderne gesellschaftliche Trends tragen hierzu sicherlich ihren Teil bei, indem sie egozentrische Verhaltensweisen fördern. Soziale Tugenden werden als Schwäche ausgelegt. Auch die Schnelllebigkeit unserer Zeit schadet der Freundschaft, die ja von Beständigkeit lebt!

Bezug zur Gesellschaft
Ausblick

Auf den Punkt gebracht: Was ist bei einer Erörterung grundsätzlich zu beachten?

❶ Schreibe so, als wolltest du dem Leser eine objektive Beurteilung ermöglichen und ihm eine Entscheidungshilfe an die Hand geben!

❷ Behalte immer im Auge, dass der Leser deinen Behauptungen folgen soll. Das gelingt am besten durch nachvollziehbare Begründungen.

❸ Achte darauf, dass der Bezug zum Thema immer erkennbar bleibt!

❹ Kläre sorgfältig den Aufgabentyp, bevor du nach Themabegriff(en) und Themafrage(n) suchst!

❺ Ordne deine Gedanken nach Ober– und Unterbegriffen! Kontrolliere auch hier immer den Themabezug!

❻ Beachte, dass die Anordnung deiner Argumente in der Gliederung dem Prinzip der Steigerung gehorchen soll! Formuliere so ausführlich, dass der Leser deine Gliederungspunkte versteht! Bleib konsequent bei einem Gliederungsstil (ganze Sätze oder Stichpunkte)!

❼ Achte darauf, dass eine dialektische Gliederung in aller Regel These, Antithese und Synthese enthält!

❽ Formuliere so, dass deine Sprache sachlich, objektiv, klar und deutlich ist. Sie soll anschaulich in den Beispielen sein, aber nicht erzählend, nicht schildernd. Der argumentative Charakter der Textart muss immer gewahrt bleiben!

❾ Denk an den Rahmencharakter von Einleitung und Schluss! In der Einleitung muss der Leser „angelockt“ werden, du willst sein Interesse wecken und fesseln. Der Schluss rundet deine Überlegungen ab, ohne neuerlich in die Argumentation „einzusteigen“.

Und noch einige Warnungen:

❶ Pass gut auf, dass deine Ausführung auch wirklich über die Gliederung hinausführt! Es genügt keinesfalls, die Gliederung nur mit wenigen Worten aufzufüllen.

❷ Vermeide phrasenhafte Formulierungen, Übertreibungen, vorschnelle Urteile, pauschale Andeutungen und unklare Bezüge!

Erörterungsthemen zur Vorbereitung auf die Zentrale Klassenarbeit

Typische Prüfungsthemen

Nachfolgend bieten wir dir eine Reihe von Arbeitsvorschlägen an, die in Fragestellung und Anspruchsniveau genau den vom Ministerium gestellten Prüfungsaufgaben der letzten Jahre entsprechen.

Bei einer Auswertung / Durchsicht der Prüfungsaufgaben zeigt sich, dass gerne Zitatthemen mit Äußerungen von Schriftstellern und Philosophen gestellt werden. Sie berühren zumeist literarische sowie gesellschaftliche und technisch-naturwissenschaftliche Fragestellungen.

Neben den Bereichen Literatur, Technik und Gesellschaft im Allgemeinen sind erfahrungsgemäß folgende Themenkreise wichtig:

- Sport
- Umweltschutz
- Freundschaft
- Beruf
- Fernsehen
- Computertechnologie

Zu den ersten beiden Themenbereichen findest du jeweils typische Arbeitsaufträge sowie von Schülerinnen und Schülern deiner Jahrgangsstufe erarbeitete Lösungsvorschläge.

Arbeite sie genau durch! Sie können dir einen guten Eindruck davon vermitteln, was die einzelnen Aufgaben jeweils „hergeben" und wie sie bearbeitet werden können.

Aufsatzbeispiel III: Dialektische Erörterung

> ▶ *Sport ist heute ein Geschäft wie jedes andere.*
> *Diskutieren Sie diese Behauptung!*

Gliederung

1 Aktueller Einstieg: Henry Maskes Sieg in München
Ist Sport nur noch ein Mittel um Geld zu verdienen?

2 Argumente für und gegen Sport als reines Geschäft
2.1 Argumente, die gegen diese Behauptung sprechen
2.1.1 Bei Breitensportlern spielen finanzielle Interessen kaum eine Rolle
2.1.2 In kleineren Vereinen geht es nur um den persönlichen Ehrgeiz der Sportler
2.1.3 Es gibt Profisportarten ohne größere Umsätze

2.2 Argumente, die für diese Behauptung sprechen
2.2.1 Mit Trendsportarten wird viel Geld verdient
2.2.2 Die Hersteller von Ausrüstungen machen große Umsätze
2.2.3 Bei Sportübertragungen tritt der Sport in den Hintergrund

3 Man muss unterscheiden zwischen Breiten- und Hochleistungssport

Lies die folgende Ausführung besonders sorgfältig durch! Sie hat ein gut durchgehaltenes Aufbauschema und bringt einleuchtende Beispiele aus der Praxis.

Ausführung

Einleitung: aktueller Einstieg

Überleitung

Bei seinem Kampf um die Weltmeisterschaft im Oktober 1995 in München verdiente Henry Maske durch seinen Sieg 1,4 Millionen DM. Der Fernsehsender RTL zahlte einen mehrstelligen Millionenbetrag für die Übertragungsrechte. Eine Werbeminute während der Kampfunterbrechungen kostete etwa 250 000 DM. Der sportliche Wettkampf als solcher scheint hier nur noch ein Mittel zu sein um

Geld zu verdienen. Es stellt sich die Frage, ob Sport heute wirklich nur noch ein Geschäft wie jedes andere ist. — Themafrage

Beim Breitensport, wie beim Radfahren oder Joggen, spielen finanzielle Interessen kaum eine Rolle. So läuft ein Jogger vielleicht täglich zwölf Kilometer, um gesund zu bleiben. Möglicherweise handelt er auch aus dem Ehrgeiz heraus schneller zu sein als andere oder einfach weil er Spaß daran hat. Wer am Wochenende mit Freunden Fußball spielt, der tut dies aus Freude am Spiel oder weil er die Geselligkeit und das Zusammensein mit seinen Kameraden schätzt. Hier dient der Sport also der Gesundheit und der Lebensfreude, dem Wohlergehen des Menschen. Das hat mit Geschäftsinteressen wenig zu tun. — **These:** Folgende Überlegungen sprechen dagegen.

Auch bei der Ausübung einer Sportart in einem kleinen Sportverein spielt Geld keine große Rolle. Die Mitglieder zahlen ihre Vereinsbeiträge; davon werden Hallenmieten, Sportgeräte und Fahrten zu Turnieren finanziert. Das Geld ermöglicht also den Sport erst richtig, es verdient aber keiner dabei. Spielt man beispielsweise Basketball im Verein, so trainiert man ein- bis zweimal pro Woche. Am Wochenende finden meist Punktspiele gegen andere Mannschaften statt. Hier geht es einfach nur um das sportliche Kräftemessen, um die Freude am Gewinnen. Finanziellen Nutzen kann keiner der Spieler daraus ziehen. — Zusammenfassung

Diese Freude am Sport gibt es auch noch in vielen Bereichen des Profisports. Nicht überall wird viel Geld umgesetzt. Ein Beispiel sind die Profi-Kajakfahrer, die trotz geringen Interesses vonseiten der Wirtschaft ihren Sport als Beruf betreiben. Die Wettkämpfe finden in den unterschiedlichsten Gegenden der Welt statt, Sponsoren sind aufgrund der geringen Publikumswirksamkeit nur schwer zu finden. Der Sport ist für diese Sportler sicher kein Mittel um schnell reich zu werden. Manche Kajakfahrer können zwar von ihrem Sport leben, die eigentlichen Beweggründe liegen jedoch tiefer: Idealismus und der Ehrgeiz, der Beste zu sein. — Überleitung

Es gibt also einige Beispiele, die zeigen sollen, dass die Ausübung einer Sportart nicht unbedingt mit Geschäftemacherei in Verbindung zu bringen ist. — Zusammenfassung

Betrachtet man allerdings andere Bereiche des Sports, so kann man das krasse Gegenteil dessen sehen, was gerade aufgezeigt wurde. — **Antithese**

Zunächst sind die neuen Trendsportarten zu nennen, die sich immer größerer Beliebtheit erfreuen. Für einen Bungeejump von — Trendsportarten *einer Brücke oder einem Kran zahlt man üblicherweise zwischen 50 und 80 Euro. Die Veranstalter solcher Sprünge verdienen daran recht gut. Durch Werbung wird dieser Sport immer populärer, genauso wächst der Profit. Der Sport – wenn man Bungeejumping als Sport gelten lässt – ist also wirklich nur dazu da, den Teilnehmern einen kurzfristigen Kick zu verschaffen und den Veranstaltern Geld.*

Massensportarten

Wenn man die entsprechenden Werbemittel einsetzt, kann man auch an einigen Massensportarten gut verdienen. Identifikationsfiguren aus dem Profisport werben für einen bestimmten Hersteller, Schuhe oder T-Shirts werden unter ihrem Namen verkauft. Zwischen den Herstellern tobt ein erbarmungsloser Kampf um Marktanteile. Jeder versucht, die große Masse der Amateure zum Kauf seiner Produkte zu verleiten. Hier geht es nicht mehr um die passende Ausrüstung, sondern um Prestige beim Käufer und um gigantische Umsätze bei den Herstellern und Vertreibern von Sportartikeln. An diesen Ausführungen wird sehr deutlich, was mit dem Ausspruch im Thema gemeint ist.

Sportarten in den Medien

Am auffälligsten ist die Relevanz des Geldes aber bei den Sportarten, die in den Medien übertragen werden. Dies sind die Sportarten, die sich beim Publikum der größten Beliebtheit erfreuen. Dazu gehören – neben Fußball und Tennis – Boxen und Formel-1-Rennen. Während die Hersteller von Sportausrüstungen sozusagen nur indirekt an den Sportarten verdienen, werden bei den großen medienwirksamen Sportarten auch im Sport selbst unvorstellbare Summen umgesetzt.

Fußballvereine zahlen Millionenbeträge als Gehälter oder als Ablösesummen für gefragte Spieler. Entscheidend für die genaue Summe ist dabei oft nicht die Qualifikation eines Spielers, sondern dessen Beliebtheit beim (Fernseh-)Publikum. Auch die Übertragungsrechte beim Fernsehen kosten enorme Summen, die ihrerseits durch Werbeeinnahmen „hereingeholt" werden müssen. Man sieht, der sportliche Wettkampf tritt in den Hintergrund. So musste der Spitzenreiter der Eishockey-Bundesliga, der EC Hedos München, seine Auflösung bekannt geben, weil er sich beim Spielereinkauf übernommen hatte. Die Sportler selbst verdienen, wie schon erwähnt, mehr als Topmanager und die Geldgier ist oft der stärkste Ansporn für einen Profisportler, Höchstleistungen zu vollbringen. Von vielen Leichtathleten ist bekannt, dass sie nur zu lukrativen Wettkämpfen fahren.

Zusammenfassend lässt sich sagen, dass der Sport nicht generell als Geschäftemacherei abgetan werden kann. Man sollte unbedingt zwischen Breitensport und Profisport unterscheiden. Beim Breitensport geht es meist um die Freude an Bewegung und Beherrschung des Körpers. Beim Hochleistungssport allerdings ist das nur ein untergeordneter Aspekt. Vielleicht sollte man da gar nicht mehr von Sport im eigentlichen Sinne reden.

Schluss: Zusammenfassung Differenzierung in Hochleistungs- und in Breitensport

Aufsatzbeispiel IV: Lineare Erörterung

► *Das Autofahren belastet die Umwelt. Trotzdem schränken wir uns kaum ein.*

Zeigen Sie technische und politische Möglichkeiten zur Reduzierung des Individualverkehrs auf! Stellen Sie auch mögliche Probleme bei der praktischen Umsetzung dar!

Gliederung

1 Mangelnde Bereitschaft der Menschen zum Verzicht auf das Auto

2 Möglichkeiten zur Reduzierung des Individualverkehrs und Probleme bei der Umsetzung
2.1 Verstärkung des Problembewusstseins in der Öffentlichkeit
2.2 Verringerung der zurückzulegenden Wege
2.3 Senkung der Attraktivität von Autos
2.3.1 Erhöhung der Kosten
2.3.1.1 Anhebung der Parkgebühren
2.3.1.2 Erhöhung der Benzinsteuer
2.3.2 Begrenzung der erlaubten Geschwindigkeit
2.3.3 Verhängung von Fahrverboten
2.4 Anbieten von Alternativen zum Auto
2.4.1 Förderung des Car-Sharings
2.4.2 Ausbau der Radwege
2.4.3 Steigerung der Attraktivität des öffentlichen Verkehrsnetzes

3 Appell an das persönliche Verantwortungsbewusstsein

An der folgenden Arbeit kannst du sehen, wie zwei Aspekte – Möglichkeiten und Probleme – ineinander verwoben werden können!

Ausführung

Einleitung: aktueller Einstieg

Alarmierend hohe Ozonwerte schon im Mai und fortschreitendes Waldsterben beweisen die Notwendigkeit, den Verkehr einzuschränken. Die geringe Beteiligung der Autofahrer an der Aktion „Mobil ohne Auto" zeigt jedoch, dass der Großteil der Bevölkerung nicht bereit ist, freiwillig auf Autofahrten zu verzichten. Deshalb müssen nun endlich doch Politiker auf allen Ebenen Maßnahmen ergreifen, um den Individualverkehr einzuschränken.

Überleitung

Hauptteil

Möglichkeiten zur Reduzierung des Individualverkehrs, aber auch Probleme bei der praktischen Umsetzung der Maßnahmen sollen im Folgenden erörtert werden.

Möglichkeiten

Zunächst muss das Problembewusstsein der Bevölkerung durch verstärkte Öffentlichkeitsarbeit erhöht werden. Jedem muss klar sein, dass er, wenn er ins Auto steigt, der Umwelt und damit seiner eigenen Zukunft und der seiner Kinder schadet. Dies könnte beispielsweise durch Anzeigen und Werbespots in allen Medien geschehen. Der Unterricht in Schulen sollte darauf Bezug nehmen – die Schüler von heute sind die Autofahrer von morgen. Wesentlich ist auch die Aufklärung in Fahrschulen.

konkrete Beispiele

Vielleicht könnte auf diesem Wege auch der Prestigewert des Autos gerade bei Jugendlichen gesenkt werden, indem man an die Vernunft appelliert, die Probleme ins Bewusstsein rückt und Alternativen anbietet. Der Wissenschaftler Frederik Vester propagiert diesen Weg seit Jahren. Wenn Autofahren nicht mehr „in" wäre, wäre schon einiges erreicht.

So gelang es in den USA durch gezielte Anti-Rauch-Kampagnen, das Rauchen, das hierzulande noch in weiten Kreisen als schick gilt, in Verruf zu bringen. Vielleicht ist so etwas auch mit dem Autofahren möglich.

Probleme

Jedoch ist gerade bei Jugendlichen das Umweltbewusstsein der 80er Jahre nicht mehr so stark vorhanden. Es ist die Frage, ob die Menschen sich nicht eher von der Werbung der Autoindustrie, die Freiheit und Unabhängigkeit verspricht, leiten lassen als von staatlichen Kampagnen für den Umweltschutz. Mehr Geld steht dabei sicher der Autoindustrie zur Verfügung.

Lösungen

Außerdem müssen Politiker versuchen, durch eine gezielte Raumordnungs- und Siedlungspolitik die notwendigen Wege zu verringern. So sollten Baulücken in bereits erschlossenen Gebieten aufgefüllt werden, bevor neue Baugebiete vor den Städten erschlossen werden. Naherholungsgebiete können gefördert werden und vor allem muss bei der Schaffung neuer Industriegebiete für nahe Wohnmöglichkeiten für die Arbeitnehmer gesorgt werden. Auf diese Weise könnte man langfristig erreichen, dass wenigstens die Anfahrtswege reduziert werden, wenn man schon mit dem Auto zur Arbeit oder zum Einkaufen fährt. Damit würde in jedem Fall der Schadstoffausstoß abnehmen.

Um den Individualverkehr einzuschränken, muss man in erster Linie die Attraktivität des Autos als Verkehrsmittel für den privaten Gebrauch verringern. Dies kann nur durch erhöhte Kosten für jeden einzelnen Autofahrer geschehen. Durch eine Erhöhung der Parkgebühren besonders in großen Städten werden schon heute etliche Autofahrer dazu bewegt, auf öffentliche Verkehrsmittel umzusteigen.

Forderungen

Konsequenzen

Einschränkung

Auch eine Anhebung der Mineralölsteuer hätte sicherlich ein bewussteres Umgehen mit dem Auto zur Folge. Würde der Benzinpreis beispielsweise mehr als zwei Euro pro Liter betragen, wie schon in den 80er Jahren von Umweltschützern gefordert, würde diese Maßnahme den Geldbeutel des Autofahrers empfindlich treffen. Die Konsequenz wäre zweifellos ein sorgfältiges Nachdenken darüber, welche Wege wirklich mit dem Auto gefahren werden müssen. Die Erhöhung der Mineralölsteuer ist eine extreme Maßnahme, vor allem unter dem Gesichtspunkt der sozialen Gerechtigkeit, aber sie bleibt doch bedenkenswert. Gerade dieser Aspekt muss jedoch noch beleuchtet werden. Das Autofahren wäre bei extremen Benzinpreisen ein Privileg der Reichen, die weiterhin gedankenlos durch die Gegend brausen könnten. Manche Politiker fordern daher, nach einer sozialverträglichen Lösung dieses Problems zu suchen.

Während darüber diskutiert wird, verlangen Wissenschaftler – vor allem wegen der hohen Ozonwerte – massive Geschwindigkeitsbegrenzungen und Fahrverbote als Maßnahmen gegen Sommersmog. Durch Geschwindigkeitsbegrenzungen wird zum einen der Schadstoffausstoß verringert. Außerdem könnten sich einige Autofahrer durch eine flächendeckende Begrenzung der Geschwindigkeit veranlasst sehen, sich mit dem schnelleren Zug fortzubewegen.

Probleme bei der praktischen Umsetzung der Lösungsvorschläge

Probleme ergäben sich sicher bei der Überprüfung der Einhaltung solcher Maßnahmen. Schon heute ist es der Polizei kaum möglich, Geschwindigkeitsübertretungen mehr als punktuell zu ahnden. Fahrverbote brächten natürlich eine schnelle Verringerung der Schadstoffe mit sich. Durch befristete Verbote wäre der Bürger gezwungen, auf öffentliche Verkehrsmittel umzusteigen. Vielleicht fände er sogar Gefallen daran!

Vor allem von der Wirtschaft werden solche Ideen scharf abgelehnt. Man warnt vor Komplikationen in der Urlaubszeit und vor dem Verwaltungsaufwand. Probleme sieht man auch in der Behandlung ausländischer Autofahrer, die gerade auf der Durchreise sind. Viele sehen in Fahrverboten einfach eine Einschränkung der persönlichen Freiheit. Doch warum sollten autofreie Tage nicht möglich sein? Im Zuge der Ölkrise waren sie in den 70er Jahren schon da, sie sind sicher auch aus ökologischen Gründen durchführbar.

Alternativen: Beispiele

Will man jedoch den Autofahrern das Fahren durch die schon angeführten Maßnahmen abgewöhnen, muss man gleichzeitig Alternativen schaffen. In den letzten Jahren bildeten sich beispielsweise verstärkt Fahrgemeinschaften, die einen sinnvollen Beitrag zur Verringerung des Verkehrs leisten. Das Prinzip der Fahrgemeinschaften lässt sich ausbauen zum so genannten Car-Sharing. Autos, die nachweislich von mehreren Familien benützt werden, könnten dabei steuerlich entlastet werden. Natürlich würde das Organisationsaufwand bedeuten.

Eine weitere wichtige Maßnahme ist der Ausbau des Radwegnetzes. Gerade in Städten stellt das Fahrrad eine sinnvolle Alternative zum Auto dar, weil Stauwartezeiten, Parkplatzsuche und Kosten entfallen.

wichtigste Alternative

Am wichtigsten ist es aber, die Anziehungskraft der öffentlichen Verkehrsmittel zu steigern. Die Benützung von Bus und Bahn muss kostengünstiger sein als die Fahrt mit dem Auto. Deshalb ist es unbedingt notwendig, dass der Staat öffentliche Verkehrsmittel subventioniert. Auch Firmen können Anreize schaffen, indem sie ihren Angestellten Zuschüsse für Zeitkarten gewähren.

Außerdem muss das öffentliche Verkehrsnetz außerhalb der großen Zentren verbessert werden. In zahlreichen Landgemeinden fährt der Regionalbus zweimal am Tag – damit bewegt man keinen Autofahrer zum Umsteigen. Die bedienten Strecken müssen ausgebaut werden und die Frequenz der Busse sollte sich erhöhen.

Probleme

Probleme werden dabei vor allem durch die hohen Kosten

dieser Maßnahmen verursacht. Außerdem ist nicht sicher, dass die Bevölkerung die Angebote wirklich in Anspruch nimmt.

Schluss:

Appell an die Vernunft

Trotz aller Bedenken ist eines klar: Angesichts der dramatischen Entwicklungen in unserer Umwelt sollten keine Kosten und Mühen gescheut werden, die Verschlechterung unserer natürlichen Lebensumstände aufzuhalten. Jeder Einzelne von uns muss, falls politische Konzepte und Maßnahmen auf sich warten lassen, bei sich selbst anfangen und bewusst auf das Auto verzichten, wo immer das möglich ist.

Weitere prüfungstypische Themen

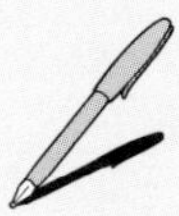

▶ Arbeite diese Themen gründlich durch und fertige zu einem oder mehreren eine Erörterung mit Gliederung an! Mache dir dabei die besprochenen Arbeitsschritte noch einmal bewusst und achte beim Schreiben auch auf Absätze und Überleitungen!

▶ 1. *Computer für Jugendliche: Erörtern Sie Vor- und Nachteile! Beziehen Sie dabei eigene Erfahrungen mit ein!*

▶ 2. *Man ist nicht nur verantwortlich für das, was man tut, sondern auch für das, was man nicht tut.*

Erklären Sie diese Behauptung und diskutieren Sie, ob sie in allen Lebenslagen zutrifft!

▶ 3. *„Es gehört oft mehr Mut dazu, seine Meinung zu ändern, als ihr treu zu bleiben." (Fr. Hebbel)*

Erörtern Sie diesen Ausspruch eines Dichters des 19. Jahrhunderts!

▶ 4. *Sich von der Masse zu unterscheiden – ist das wünschenswert oder unsozial?*

▶ 5. *„Der moderne Mensch hat ein neues Laster erfunden: die Schnelligkeit." (A. Huxley)*

Definieren Sie den Begriff „Schnelligkeit"! Setzen Sie sich damit auseinander, inwieweit Huxleys Aussage zutrifft!

▶ 6. *„Das Vergleichen ist das Ende des Glücks und der Anfang der Unzufriedenheit." (Søren Kierkegaard)*

Legen Sie dar, wie diese Aussage aufzufassen ist! Untersuchen Sie, inwieweit Sie die Meinung des Philosophen Kierkegaard teilen können!

▶ 7. *„Cool bleiben!"*

Wer cool ist, ist nahe am Zeitgeist. Was verstehen Sie darunter? Wie stehen Sie dieser Lebensauffassung gegenüber?

▶ 8. *„Die sinnvollste Art, mit dem Medium Fernsehen umzugehen, besteht darin, gar kein Fernsehgerät zu besitzen!"*

Diskutieren Sie diese Behauptung!

▶ 9. *„Bücher sind die besten Freunde!"*

Setzen Sie sich mit dieser Aussage auseinander!

▶ 10. *„Ich möchte nur tun, was mir Spaß macht!"*

Setzen Sie sich kritisch mit dieser Lebensauffassung eines Jugendlichen auseinander!

▶ 11. *Kleine Geschenke erhalten die Freundschaft – so lautet ein bekanntes Wort.*

Stellen Sie Formen des Schenkens dar! Gehen Sie auch auf eigene Erfahrungen mit der Sitte, sich etwas zu schenken, ein!

▶ 12. *„Kleidung ist eine Möglichkeit, die eigene Persönlichkeit zum Ausdruck zu bringen."*

Erörtern Sie die Richtigkeit dieser Aussage in Bezug auf Jugendliche!

Die Gedichtinterpretation

Kurz wiederholt: Was ist eigentlich eine Gedichtinterpretation?

Wenn die Aufgabe lautet, ein Gedicht zu „interpretieren“, dann wird von dir erwartet, dass du für dieses Gedicht eine **Deutung** findest, die seinen Gehalt und seine Form in ihrer gegenseitigen Wechselwirkung erhellt. **Form** und **Inhalt** stehen in einem Gedicht nämlich in einer untrennbaren Beziehung zueinander und können von daher nicht isoliert voneinander betrachtet werden.

Um zu einer solchen Deutung eines Gedichts zu kommen, ist der subjektive Eindruck, den du als Leser von dem zu untersuchenden Text gewonnen hast, nicht ausreichend. Es geht bei einer Gedichtinterpretation nicht um die Darstellung dessen, ob und wie gut dir ein Gedicht gefallen hat oder wodurch du dich angesprochen fühltest (oder auch nicht) und ähnliche Eindrücke mehr.

Deine eigene Wahrnehmung des Gedichts und seines Inhalts soll natürlich nicht völlig außer Acht bleiben, aber für die Zwecke einer Gedichtinterpretation kommt es in erster Linie darauf an, nachweisbare Zusammenhänge darzustellen und entsprechend auszuwerten. Der alleinige und ausschließliche Gegenstand einer Gedichtinterpretation ist der Text des betreffenden Gedichts. Was in diesem Text nicht nachweisbar ist, muss außerhalb der eigentlichen Betrachtung bleiben.

Nicht die Fantasie oder bloße Emotionalität darf dich beim Erschließen eines Textes leiten, sondern die Genauigkeit beim Erfassen der sprachlich-stilistischen Phänomene!

Dabei darfst du nicht die Analyse von Reim und Metrum bzw. der Form des Gedichts neben die Gesamtinterpretation (d. h. gegen die Deutung des Gedichts) stellen. Vielmehr musst du die Untersuchung der Form, des Aufbaus sowie der Bildhaftigkeit und der sprachlichen Mittel, die der Dichter eingesetzt hat, in Zusammenhang bringen mit der Aussageintention des Gedichts und der beabsichtigten Wirkung auf den Leser, d. h. in ihrer Wechselwirkung genau analysieren.

Allerdings ist eine bloße Aufzählung der von dir erkannten und festgestellten Einzelelemente noch keine Interpretation, sondern allenfalls das Vorstadium dazu. Am besten ist es, wenn du dich bei der Erarbeitung der Interpretation von der Frage leiten lässt, inwieweit die formalen und sprachlichen Besonderheiten des Textes für das Gedicht notwendige Faktoren sind, warum der Verfasser also gerade diese (und keine anderen) Mittel eingesetzt hat.

Gedichtinterpretation: Was ist zu tun?

Nicht selten wirst du im Aufgabenbereich „Gedichtinterpretation" mit einer ganz globalen Aufgabenstellung konfrontiert:

Interpretieren Sie dieses Gedicht oder:

Geben/Erstellen Sie eine Interpretation des Gedichts

ohne dass näherhin gesagt würde, was du dabei alles berücksichtigen sollst.

Manchmal allerdings ist die Aufgabenstellung ausführlicher gehalten, z. B.

Interpretieren Sie das Gedicht und erläutern Sie dabei, mit welchen sprachlichen Mitteln der Verfasser seinen Text gestaltet hat (oder ähnliche Formulierungen)

Diese Formulierung enthält einen Hinweis darauf, welche Aufgaben bei einer Gedichtinterpretation auf dich zukommen:

Es wird darum gehen, die sprachliche Gestaltung des Gedichts mit seinem Gehalt und mit der vom Verfasser beabsichtigten Wirkung in Beziehung zu setzen, das heißt, die beiden Bereiche Form und Inhalt in ihrer gegenseitigen Wechselwirkung zu erhellen.

Die im Folgenden in vier „Arbeitsschritten" skizzierte Vorgehensweise hat sich bei zahllosen Interpretationen bewährt.

Vier Arbeitsschritte

1. Schritt: Markierung des Textes und vorläufige Deutung

Es empfiehlt sich, den Text des zu untersuchenden Gedichts genauestens zu lesen und alle Auffälligkeiten nicht nur gedanklich zu erfassen, sondern auch optisch zu markieren, wie in diesem Beispiel:

Erich Kästner (1899 – 1974)
Sozusagen in der Fremde

Er saß in der großen Stadt Berlin
an einem kleinen Tisch.
Die Stadt war groß, auch ohne ihn.
Er war nicht nötig, wie es schien.
Und rund um ihn war Plüsch.

Die Leute saßen zum Greifen nah,
und er war doch allein.
Und in dem Spiegel, in den er sah,
saßen sie alle noch einmal da,
als müsse das so sein.

Der Saal war blaß vor lauter Licht.
Es roch nach Parfüm und Gebäck.
Er blickte ernst von Gesicht zu Gesicht
Was er da sah, gefiel ihm nicht.
Er schaute traurig weg.

Er strich das weiße Tischtuch glatt
und blickte in das Glas.
Fast hatte er das Leben satt.
Was wollte er in dieser Stadt,
in der er einsam saß?

Da stand er, in der Stadt Berlin,
auf von dem kleinen Tisch.
Keiner der Menschen kannte ihn.
Da fing er an, den Hut zu ziehn!
Not macht erfinderisch.

Durch diese Markierung des Textes wird der Blick notwendigerweise auf bestimmte sprachliche Auffälligkeiten gelenkt.

Selbstverständlich lassen sich nicht alle Gedichte über einen Kamm scheren. Welche der folgenden Punkte für eine Interpretation in Frage kommen, ist ausschließlich von dem zu untersuchenden Gedicht abhängig.

Die zum abgedruckten Gedicht gehörende Aufgabenstellung lautet:

> ▶ *Geben Sie eine Interpretation des Gedichts.*
>
> *Erläutern Sie dabei die im Gedicht dargestellte Situation und das Verhalten des Mannes und zeigen Sie auf, welche Mittel der Autor zur Gestaltung seines Gedichts eingesetzt hat.*

Da Deutung und Analyse voneinander abhängig sind, lohnt es sich, nach einem ersten Studium des Textes eine vorläufige Deutung des Gedichts in knapper Form festzuhalten. Bezogen auf unser Gedicht könnte das sein:

- *Darstellung der Einsamkeit des Großstadtmenschen im Mittelpunkt*
- *Aufforderung zur aktiven Überwindung der Einsamkeit*

Diese vorläufige Deutung kann die weitere Arbeit positiv beeinflussen, weil sich die weiteren zu untersuchenden Elemente zielgenauer betrachten lassen.

2. Schritt: Systematische Untersuchung der Einzelelemente

■ Allgemeine Untersuchung der Sprache

● **Klang und Laut:**

- Kommt es irgendwo zu einer Häufung von Konsonanten oder Vokalen (helle, dunkle)?
- Werden Alliterationen gezielt verwendet, und an welchen Stellen?
- Setzt der Verfasser lautmalerische Elemente ein?
- Was soll damit jeweils bezweckt werden?

Bezogen auf unser Gedichtbeispiel (Kästner, Sozusagen in der Fremde):

Alliteration „nicht nötig“ (Z. 4) – keine besondere Aussagekraft;
dunkle (a: saß, Stadt, sah, da usw.) und helle Vokale (i: Berlin, Tisch, ihn, schien usw.) wechseln sich ab – wie die Passivität und schließlich die Aktivität des Mannes (keine genaue Entsprechung, aber Unterstützung des Gesamteindrucks);
Häufung der a- und s-Laute in Z. 8–10 unterstreicht die Doppelwirkung des Wahrgenommenen im Spiegel.

- **Wortschatz:**

  – Werden bestimmte Wortarten bevorzugt (z. B. Verbal-, Nominalstil) und welche Wirkung ergibt sich dadurch?

Hier: *Zahlreiche Verben (fast in jeder Verszeile), häufig nur Formen von „sein“ (z. B. Z. 3–5: war – war – war);*
zunächst Verben, die Statik ausdrücken (z. B. saß – saßen – saßen), Verben der Wahrnehmung (z. B. roch – blickte – sah – blickte), dann schließlich Verben der Bewegung (stand ... auf; fing an ... zu ziehn): Weist auf die Situation des Mannes hin, der zunächst passiv eine Reihe von Eindrücken in sich aufnimmt (und darunter leidet) und erst dann sich aufrafft, selber etwas zu unternehmen.

  – Ist an der Wortwahl etwas auffällig, z. B. Diskrepanz zwischen Inhalt und Wortschatzebene, etwa zur Schaffung ironischer Distanz? (Hierbei kommt es natürlich hauptsächlich auf die Wörter an, die sinntragende oder stimmungstragende Bedeutung haben.)

Hier: *Es wird ausschließlich Alltagswortschatz verwendet – es geht ja auch um eine alltägliche Situation.*

- **Satzbau und Versbau:**

  – Welche Satzformen (z. B. Aussagesätze), welche Satzbauformen (z. B. Parataxe = Reihung von Hauptsätzen), welche Arten der Satzverknüpfung (z. B. reihendes „und“ oder hauptsächlich Gliedsätze) lassen sich feststellen?
  – Wie wirken diese Elemente im Zusammenhang des Gedichts?

Hier: *Es handelt sich um relativ kurze Aussagesätze, die alle nacheinander ein bestimmtes Element der Situation des Mannes bzw. seiner Wahrnehmung beleuchten;*
häufig „und“ – weil sich ein Eindruck an den anderen reiht.

- Liegen Zeilensprünge vor (= Enjambement), an welchen Stellen und warum wohl gerade an diesen?

Hier: *Meist Zeilenstil – Ausnahme Z. 1–2, die einen Zeilensprung aufweisen, um den Kontrast zwischen der „großen Stadt" und dem „kleinen Tisch" zwar syntaktisch zusammenzuklammern, durch den Zeilensprung aber auch als Gegensatz zu verdeutlichen – um diesen Gegensatz geht es ja schließlich in dem Gedicht.*

- **Form:**

  - Welches Metrum und welche Versform liegen vor (z. B. Jambus, vierhebige Verse)?

Hier: *Abwechselnd vier- und dreihebige Verse, wobei der männliche Versschluss in der jeweils zweiten und fünften Zeile jeder Strophe wie eine Zäsur, wie eine kurze Pause zum Nachdenken über das Gesagte wirkt, in der die getroffene Aussage (z. B. Kontrast zwischen „großer Stadt" und „kleinem Tisch" in der ersten Strophe bzw. die Einsamkeit des Mannes in der zweiten Strophe usw.) vom Leser besser aufgenommen und verarbeitet werden kann.*
Der Grundrhythmus ist vierhebig/dreihebig mit freier Füllung, d. h. ein- und zweisilbige Senkungen (z. B. Z. 1 „sáß in der"; Z. 6 „sáßen zum" usw.); die doppelten Senkungen signalisieren Bewegung und können eventuell schon darauf vorausdeuten, dass der Mann zum Schluss aktiv wird und von sich aus die Initiative ergreift. Es handelt sich hier nicht um freie Verse, die ohne festen metrischen Rahmen auskommen, denn wir haben feste Hebungszahlen!

  - Welches Reimschema (z. B. Kreuzreim), welche Strophenform (z. B. Vierzeiler), welche Gedichtform (z. B. Sonett) kann man feststellen?

Hier: *Das Reimschema abaab cdccd usw. (erweiterter Kreuzreim) klammert die einzelnen Eindrücke, die sonst ziemlich unverbunden nebeneinander stehen, gut zusammen. Dass die Reimformen der ersten Strophe in der letzten wieder auftauchen, weist darauf hin, dass die Grundsituation des Mannes in der großen Stadt dieselbe ist; seine Einstellung zu seiner Umgebung hat sich jedoch gewandelt – die 22. und 25. Zeile fallen rhythmisch aus dem Rahmen, weil hier auch die erste Silbe betont werden muss und sie nicht nach dem sonst im Gedicht üblichen rhythmischen Muster mit einer unbetonten Silbe beginnen (= betonter Auftakt).*
Strophenform: Fünfzeiler
Gedichtform: Strophenlied

- Wie verhalten sich die festgestellten Formelemente zu Gehalt und Struktur: Entsprechung, Unterstützung, Opposition, Widerspruch, Spannung usw.?

Hier: *Form und Gehalt entsprechen sich; die Form unterstützt die Darstellung des Themas sowie die Aussage des Gedichts.*

■ Untersuchung des Aufbaus (der Komposition)

- Welchen äußeren (z. B. Strophenanordnung) und inneren, gedanklichen Aufbau weist der Text auf und welches Aufbauprinzip wird angewendet?
  - linear (chronologisch reihend)
  - dialektisch (These, Antithese, Synthese)
  - argumentativ (reihend, fordernd, Schlüsse ziehend)
- Wechsel des Bildbereichs:
  - konkrete ↔ abstrakte Bilder;
  - allgemeine ↔ besondere Bilder?
- Einschnitte durch Perspektiven- oder Themawechsel?
- Entsprechen sich äußerer und innerer Aufbau?

Hier: *Äußerer und innerer Aufbau entsprechen sich:*
Die erste und die fünfte Strophe bilden eine Art Rahmen;
der Blickwinkel verengt sich immer mehr (Großstadt – zahllose Menschen – Saal – Tisch) und kommt dann wieder zum Ausgangspunkt zurück (Großstadt);
die fünfte Strophe, die formal auf die erste zurückführt, bringt dann den etwas überraschenden Neuansatz bzw. den Entschluss des Mannes, selbst aktiv zu werden.
Die Strophen selbst sind zweigeteilt:
Z. 1–2: äußere Handlung
Z. 3–5: Gefühle des Mannes

■ Untersuchung der Stilfiguren

- Liegen Wiederholungen vor und was wird wiederholt (z. B. Einzelwörter, ganze Verszeilen)?
- Was wird dadurch erreicht?

Hier: *Erste und letzte Strophe wiederholen sich zum Teil*
—> Rückbindung des Schlusses an den Ausgangspunkt;
Schlüsselwörter wie „saß"/„saßen" oder „sah" (auch: „von Gesicht zu Gesicht") werden wiederholt
—> Verstärkung der jeweiligen Aussageabsicht (Passivität vertieft bzw. Wahrnehmung des Mannes unterstrichen);

- Hat der Verfasser Stilfiguren (welche?) sowie Bildersprache (= Metaphern und Symbole) eingesetzt? Wofür?
  An welchen Stellen?
- Welche Assoziationen werden geweckt?
- Welchen Stimmungsgehalt haben solche Elemente?

Hier: *Die Darstellung einer Jedermann- und Alltagssituation lässt kaum besondere Stilfiguren zu; allerdings erinnert die Wendung in Z. 11 (Blass vor lauter Licht) an ein Oxymoron und die letzte Zeile greift ein bekanntes Sprichwort auf (Not macht erfinderisch)*

- Wie wirken rhetorische Figuren und Sprachbilder (z. B. verstärkend oder verfremdend)? Welche Wirkung soll erzielt werden?

Hier: *Die oxymoronähnliche Wendung „blass vor lauter Licht" kann den zwiespältigen Eindruck des Mannes von seiner Umgebung darstellen. Der Rückgriff auf das Sprichwort in der letzten Zeile wirkt dort wie eine Moral am Schluss, die die Kernaussage des Gedichts zusammenfasst.*

■ Sonstiges

● Sprecher des Gedichts:

- Wie wird das Gedicht vermittelt (z. B. durch ein lyrisches Ich)?

Hier: *Neutraler, olympisch wirkender Erzähler (kennt die Gefühle seiner Mittelpunktsfigur!)*

- Wie wirkt sich das auf die Distanz des Lesers zum Gedicht aus?

Hier: *Dieser Erzählstil lädt gewissermaßen ein, sich den Mann aus relativ großer Nähe zu betrachten und sich vielleicht sogar mit ihm zu identifizieren.*

● Haltung und Ton/Stil des Gedichts:

- Welche Haltung wird eingenommen (z. B. lehrhaft oder unterhaltend)?

- In welchem Ton ist das Gedicht gehalten (ironisch oder sachlich-distanziert)?

Hier: *Weitgehend neutral – es wird nicht eindeutig für den Mann Partei ergriffen —> das soll gegebenenfalls der Leser selber tun.*

- **Leserkreis und Verfasserintention:**

  - An welchen Leserkreis richtet sich das Gedicht und welche Wirkung soll erzielt werden?

  Hier: *Das Gedicht berichtet von einer Art Jedermannfigur und richtet sich auch an jedermann.*

  - Sind gegebenenfalls autor- und/oder epochentypische Merkmale festzustellen?

  Hier: *Keine besonderen Auffälligkeiten*

3. Schritt: Gesamtdeutung

Alle festgestellten sprachlichen Mittel sollten abschließend noch einmal daraufhin betrachtet werden, welche von ihnen wohl von besonderer Wichtigkeit (= dominant) sind und ob bzw. inwieweit sie in Hinblick auf die Mitteilungsabsicht (= Intention) des Autors ihre Funktion erfüllen. Können sie beim Leser die gewünschte Wirkung erzielen?

- **Die Einzelelemente:**

  - Welche der festgestellten Einzelelemente sind anderen gegenüber dominant, welche erscheinen untergeordnet und relativ unwichtig?

  Hier: *Von besonderer Bedeutung sind Wortschatz- (Verben, Wiederholungen), Form- und Aufbauelemente —> vgl. die Ausführungen an den entsprechenden Stellen oben. Mit Hilfe dieser Mittel gelingt es Kästner, seine Aussage besonders gut deutlich zu machen.*

Die entscheidende Frage lautet immer: Warum hat der Verfasser gerade diese und keine anderen Elemente gewählt, das heißt, welche Funktion haben die Einzelelemente jeweils?

- **Form und Inhalt:**

  - Inwieweit lässt sich eine gegenseitige Abhängigkeit von Form und Inhalt feststellen?
  - Inwiefern ist die Form des Gedichts für seinen Gehalt, seine Aussage wichtig?

  Hier: *Form und Inhalt entsprechen sich weitestgehend – eines geht aus dem anderen hervor bzw. ineinander über.*

  - Gibt es Diskrepanzen und welche Bedeutung haben sie für die Wirkung des Gedichts?

  Hier: *Die auffälligste Abweichung findet sich in der Schlusszeile, wo durch die rhythmische Veränderung das Neue zum Ausdruck gebracht werden soll, zu dem der Mann sich entschlossen hat.*

- **Vorläufige und endgültige Deutung:**

  - Muss die vorläufige Deutung angesichts der festgestellten Einzelergebnisse ergänzt oder revidiert bzw. ganz aufgegeben werden?

  Hier: *Nein*

  - Welche Gesamtdeutung, d. h. welche abschließende, alle Aspekte der Untersuchung und ihrer Ergebnisse berücksichtigende Interpretation ergibt sich nun?

  Hier: *Vgl. die Gesamtinterpretation unten, Seite 63–65.*

4. Schritt: Formulierung der Ergebnisse

Die gewonnenen Ergebnisse sind nun in einem zusammenhängenden Text zu formulieren. Die gefundenen Elemente müssen am Text belegt werden.

1. durch Zitate
   - wörtliche Wiedergabe von Textstellen in Anführungsstrichen,
   - direkt dahinter Zeilenangabe in Klammern (z. B.: Z. 14)

2. durch Textverweise
   - d. h. entweder durch referierende Wiedergabe der Textstelle
   - oder durch indirekte Rede,
   - direkt dahinter Zeilenverweis in Klammern (z. B.: vgl. Z. 14)

Es empfiehlt sich mit einem **Basissatz** zu beginnen, der Autor und Titel des Gedichts nennt, eventuell auch Gedichtform (z. B. Sonett oder Ballade), Kerninhalt und Thematik anspricht.

> Hier z. B.: *In seinem Gedicht „Sozusagen in der Fremde" stellt Erich Kästner die Einsamkeit eines Mannes in der Großstadt Berlin und dessen Verhalten dar.*

Danach werden alle als wichtig erkannten **Einzelelemente des Gedichts** und ihre jeweilige Bedeutung für den Text insgesamt nacheinander dargestellt sowie eine abschließende, alle Ergebnisse berücksichtigende **Gesamtinterpretation** des Gedichts gegeben.

Checkliste

1. Markierung des Textes und vorläufige Deutung

- ✔ Text genauestens durchlesen
- ✔ Auffälligkeiten markieren
- ✔ Vorläufige Deutung versuchen

2. Systematische Untersuchung der Einzelelemente

- ✔ Sprache:
  - Klang und Laut
  - Wortschatz
  - Satzbau und Versbau
  - Form
- ✔ Aufbau/Komposition
- ✔ Stilfiguren
- ✔ Sonstiges:
  - Sprecher des Gedichts
  - Haltung und Ton
  - Leserkreis und Verfasserintention

3. Gesamtdeutung

- ✔ Welche Einzelelemente sind dominant?
- ✔ Wie ist die Beziehung zwischen Form und Inhalt?
- ✔ Muss die vorläufige Deutung revidiert werden?

4. Formulierung der Ergebnisse

- ✔ Mit Basissatz beginnen
- ✔ Erkannte Einzelelemente und ihre Bedeutung darstellen
- ✔ Abschließende Gesamtinterpretation geben

Selbstverständlich lässt sich eine Beantwortung all der Fragen, wie sie eben skizziert wurden, ohne bestimmte Grundkenntnisse in Metrik (= Verslehre) und ohne den entsprechenden Fachwortschatz nur bedingt realisieren. Eine gewisse Vertrautheit zumindest mit **Metrum-** und **Reimformen** und auch mit den gängigsten **Stilfiguren** muss vorausgesetzt werden.

Wenn du dich hier noch nicht sicher fühlst, kannst du die wichtigsten Informationen unter dem Kapitel „Wichtige lyrische Grundbegriffe" (vgl. S. 140 f.) bzw. unter „Wichtige Stilfiguren" nachlesen (vgl. S. 142 f.).

Nach Durchführung all der oben angesprochenen Einzelschritte kommt es nun darauf an, die Einzelergebnisse umzusetzen, d. h. zu ordnen, aufeinander abzustimmen und schließlich in einem Aufsatz darzulegen.

Musteraufgabe: Aufsatzbeispiel V (Stadtgedicht)

► *Geben Sie eine Interpretation des folgenden Gedichts.*

Erich Kästner (1899 – 1974)
Sozusagen in der Fremde

Er saß in der großen Stadt Berlin
an einem kleinen Tisch.
Die Stadt war groß, auch ohne ihn.
Er war nicht nötig, wie es schien.
Und rund um ihn war Plüsch.

Die Leute saßen zum Greifen nah,
und er war doch allein.
Und in dem Spiegel, in den er sah,
saßen sie alle noch einmal da,
als müsse das so sein.

Der Saal war blass vor lauter Licht.
Es roch nach Parfüm und Gebäck.
Er blickte ernst von Gesicht zu Gesicht
Was er da sah, gefiel ihm nicht.
Er schaute traurig weg.

Er strich das weiße Tischtuch glatt
und blickte in das Glas.
Fast hatte er das Leben satt.
Was wollte er in dieser Stadt,
in der er einsam saß?

Da stand er, in der Stadt Berlin,
auf von dem kleinen Tisch.
Keiner der Menschen kannte ihn.
Da fing er an, den Hut zu ziehn!
Not macht erfinderisch.

Ausführung

In dem Gedicht „Sozusagen in der Fremde“ stellt Erich Kästner die Einsamkeit eines Mannes in der Großstadt Berlin und dessen Verhalten dar. Basissatz

Der Mann sitzt an einem kleinen Tisch, wohl in einem Café, umgeben von Menschen. Dennoch fühlt er sich einsam, überflüssig und verloren in dem bunten Treiben der Großstadt. Er beobachtet die Leute und den Saal um sich herum. Da ihn aber all das traurig stimmt, zieht er sich in sich zurück, glättet das Tischtuch und sieht in sein Glas. Deprimiert fragt er sich, was er eigentlich will. Als er dann aber vom Tisch aufsteht, beginnt er sich selbst zu helfen und die Leute von sich aus zu grüßen. Inhaltsangabe

Das Gedicht hat fünf Strophen, wobei erste und letzte Strophe einen Rahmen bilden. Von Strophe 1 zu Strophe 4 verengt sich die Perspektive immer mehr: In der ersten Strophe wird der Blick des Lesers auf den einsamen Mann inmitten der Großstadt Berlin gelenkt. In der zweiten Strophe werden die Leute um ihn herum erwähnt, in der dritten schaut sich der Mann im Saal um. Doch in der vierten Analyse des Aufbaus / der Struktur

Strophe erfasst der Blick nur noch das Tischtuch und dann das Glas. Wie in der ersten Strophe wird in der fünften wieder der Mann in der Stadt dargestellt, doch fängt dieser nun an sein Problem zu lösen (vgl. Z. 24 f.) – sein Gesichtskreis wird sich wieder erweitern. Die Lösung steht ganz am Ende quasi als Überraschungseffekt.

Äußere Form:

Wiederholungen

Satzbau

Die Zusammengehörigkeit von erster und letzter Strophe wird auch formal unterstrichen. Nicht nur die Reimendungen entsprechen sich, es werden sogar Phrasen wörtlich wiederholt („in der Stadt Berlin", „kleinen Tisch"). Auffällig dabei ist, dass in der fünften Strophe die Stadt Berlin nicht mehr „groß" genannt wird. Dies deutet, ebenso wie die umgedrehte Wortstellung „Da stand er..." statt „Er saß" (Z. 1) darauf hin, dass der Mann eine Antwort auf die am Ende der vierten Strophe gestellte Frage („Was wollte er ...?") gefunden hat. Obwohl sich äußerlich nichts verändert hat („Keiner der Menschen kannte ihn"), hat er eine Lösung gefunden, die durch ein Ausrufezeichen sogar noch unterstrichen wird (Z. 24).

Aufbau/ Komposition

Versbau

Reimschema

In den fünfzeiligen Strophen ist jeweils eine Zweiteilung zu beobachten: Die ersten beiden Zeilen stellen die äußere Handlung dar, während in den nächsten drei Zeilen das Gefühl des Mannes geschildert wird. Eine rhythmische Pause durch den Dreiheber der zweiten und fünften Zeile jeder Strophe macht die Teilung besonders deutlich, umso mehr als der Rhythmus der dritten und vierten Zeile eher drängend wirkt. Die Pause gibt dem Leser Zeit zum Nachdenken und verleiht dadurch der vorangegangenen Phrase mehr Gewicht. Das Reimschema, ein erweiterter Kreuzreim (abaab cdccd efeef ghggh abaab), verbindet beide gedanklichen Abschnitte der Strophen. Alle Vers-Endungen sind männlich: Mit dem Schluss der Verszeile wird immer auch ein gedanklicher Abschnitt deutlich zu Ende geführt, was den Eindruck vermittelt, als würden alle angesprochenen Beobachtungen sozusagen jeweils nur kurz wahrgenommen – was der Stimmungslage des Mannes ziemlich genau zu entsprechen scheint: Was immer es wahrzunehmen gibt, unterstreicht nur seine Einsamkeit.

Erzähler/ Sprecher des Gedichts

Leserkreis

Da der neutrale, olympisch wirkende Erzähler die Hauptperson nicht weiter beschreibt, ist wohl jedermann gemeint und richtet sich das Gedicht offensichtlich auch an jedermann. Jeder kann sich in die Rolle und die Situationen unseres „Er" hineinversetzen und seine Bewusstseins- und Stimmungslage nachvollziehen bzw. teilen.

metrische Form

Das Metrum mit ein- und zweisilbigen Senkungen erlaubt flüssiges, natürliches Sprechen. Auch die Sprache im Allgemeinen,

Wortarten
Satzbau

vor allem die Verwendung konkreter Nomen und kurzer einfacher Satzkonstruktionen, vermittelt den Eindruck des Lapidaren und Ungekünstelten, gleichzeitig aber auch der Hoffnungslosigkeit bzw. letztendlich der Entschlossenheit.

Wortarten

Die Verben passen sich dem Gemütszustand des Mannes an: Sie sind in der ersten bis vierten Strophe statisch („saß“, „roch“, „war“) und zeigen somit passives Empfinden.

Analyse der sprachlichen Mittel

Erst in der letzten Strophe drücken sie aktive Bewegung aus („stand auf“, „ziehn“). Der sprachliche Gegensatz zu Beginn, „große Stadt“ gegenüber dem „kleinen Mann“ verdeutlicht die verzweifelte Situation des Mannes.

Alliteration

Die Alliterationen „nicht nötig“ und „so sein“ vermitteln ebenso den Eindruck der Kraftlosigkeit. Das Wort „Plüsch“ (Z. 5) regt zum Nachdenken an: Zum einen zeigt es, dass um den Mann herum ja eigentlich alles da wäre, was er braucht, zum anderen schwingt hier aber auch der Wunsch nach warmer Geborgenheit mit.

Klang und Laut

Die Häufung der „a“- und „s“-Laute in den Zeilen 8 bis 10 unterstreicht die Doppelwirkung der Leute im Spiegel, durch die sich der Mann provoziert fühlt. Auffällig ist die Wahl von Wörtern mit negativem Beigeschmack zu Beginn der dritten Strophe („blass“, „roch“).

Stilfiguren

Die ungewöhnliche, an ein Oxymoron erinnernde Wendung „blass vor lauter Licht“ spiegelt genau die Stimmung des Mannes wider. Auch er ist einsam trotz der vielen Leute. In derselben Strophe wird offen gelassen, was ihm an den Gesichtern der anderen nicht gefällt. Vermutlich haben alle einen traurigen Gesichtsausdruck und fühlen ähnlich wie der Mann selbst.

Das bekannte Sprichwort in der letzten Zeile („Not macht erfinderisch.“) verdeutlicht, wie einfach es ist sich Abhilfe zu schaffen. Es wird durch die Aussage des Gedichts mit neuem Inhalt erfüllt.

Verfasserintention

Es steht fast als eine Art Moral am Schluss, die die Kernaussage des Gedichts zusammenfasst: Wenn es dem Leser so ergeht wie hier dem Mann – und Berlin steht hier nur als Beispiel für irgendeine Großstadt –, dann soll er auch anfangen, von sich aus auf die Leute zuzugehen. Oder noch allgemeiner: Man kann für fast alle Probleme eine Lösung finden, wenn man sie nur anpackt.

Gesamtschau und Gesamt-Interpretation

Die Thematik des Gedichts ist typisch für die Moderne, in der viele Menschen von den Problemen der wachsenden Großstädte betroffen sind. Erich Kästner bietet hier aber, im Gegensatz zu vielen anderen Dichtern, eine Lösung an: Der Ausbruch aus der Vereinsamung und Anonymität des Großstadtlebens gelingt nur, wenn man von sich aus etwas dafür unternimmt.

Auf den Punkt gebracht: Was ist bei einer Gedichtinterpretation grundsätzlich zu beachten?

❶ **Ziel:**

Eine Interpretation deutet das Gedicht so, dass sein Gehalt und seine Form in ihrer gegenseitigen Wechselwirkung erhellt werden und sich eine Gesamtdeutung ergibt.

❷ **Vorarbeiten:**

Es empfiehlt sich, Auffälligkeiten aller Art im Text optisch zu markieren und eine vorläufige Deutung zu versuchen.

❸ **Untersuchung der Einzelelemente:**

Die einzelnen inhaltlichen wie formalen Elemente des Gedichts sind zu analysieren und in ihrer Funktion zu bestimmen.

❹ **Gesamtdeutung (= Interpretation) und Fixierung der Ergebnisse:**

Vor der abschließenden Gesamtinterpretation solltest du dich fragen, welche der von dir analysierten Elemente des Gedichts wohl dominant sind. Muss die vorläufige Deutung aufgrund der Untersuchung revidiert werden?

Und noch einige Warnungen:

❶ Du darfst auf keinen Fall lediglich deine Beobachungen mitteilen, sondern musst jeweils versuchen, diese Feststellungen mit den Absichten des Autors in Beziehung zu setzen, also die jeweilige Funktion eines inhaltlichen oder sprachlichen Elements anzugeben!

❷ Die gewonnenen Ergebnisse müssen am Text belegt werden! Das heißt, du darfst nicht einfach „über den Text“ schreiben, sondern musst die jeweilige Zeile angeben bzw. durch ein „vgl.“ auf die betreffenden Zeilen hinweisen, in denen die ensprechenden Informationen zu finden sind!

Gedichtinterpretationsthemen zur Vorbereitung auf die Zentrale Klassenarbeit

Typische Prüfungsthemen

Auf den folgenden Seiten sind eine Reihe von Gedichten mit den zugehörigen Aufgabenstellungen abgedruckt, die alle den Themenstellungen in der Zentralen Klassenarbeit, wie sie in den letzten Jahren vorgelegt wurden, genau entsprechen.

Die ersten drei bzw. vier Aufgaben stehen jeweils beispielhaft für bestimmte Interpretationsthemen, wie sie für die Zentrale Klassenarbeit typisch sind:

- Gedicht über die Funktion der Literatur / die Funktion von Gedichten
- Naturgedicht
- Stadtgedicht

Außerdem wurde ein Gedicht in freien Versen angefügt.

Diesen vier Aufgabenstellungen (d. h. je ein Beispiel für die eben genannten unterschiedlichen Aufgabentypen) sind Lösungsvorschläge beigegeben, die von Schülern deiner Jahrgangsstufe erarbeitet wurden. Sie sollen dir einen Eindruck davon vermitteln, was die einzelnen Aufgaben jeweils „hergeben" und wie man sie bearbeiten könnte. Bei den übrigen Aufgaben bist du dann auf dich allein gestellt.

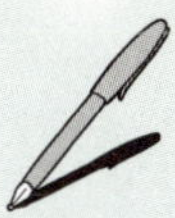

▶ Lies die Themen und Aufsätze möglichst intensiv durch – am praktischen Beispiel lernt man am meisten! Vor allem solltest du je nach deinen zeitlichen Möglichkeiten einen oder mehrere Aufgaben in der empfohlenen Weise selbst schriftlich bearbeiten.

Achte dabei auch darauf, immer einen neuen Absatz zu beginnen, wenn du dich einem neuen Punkt der Darstellung zuwendest!

Aufsatzbeispiel VI: Gedicht über die Lyrik

Johann Wolfgang von Goethe (1749 – 1832)
Gedichte sind gemalte Fensterscheiben!

Gedichte sind gemalte Fensterscheiben!
Sieht man vom Markt in die Kirche hinein,
Da ist alles dunkel und düster;
Und so sieht's auch der Herr Philister:
Der mag denn wohl verdrießlich sein
Und lebenslang verdrießlich bleiben.

Kommt aber nur einmal herein!
Begrüßt die heilige Kapelle;
Da ist's auf einmal farbig helle,
Geschicht' und Zierat glänzt in Schnelle,
Bedeutend wirkt ein edler Schein;
Dies wird euch Kindern Gottes taugen,
Erbaut euch und ergetzt die Augen!

► *Erstellen Sie eine Interpretation dieses Gedichts.*

Gehen Sie dabei auch auf die Rolle ein, die der Autor Gedichten zuspricht und analysieren Sie die von ihm eingesetzten sprachlichen Mittel.

Dieses Gedicht wurde von Goethe zusammen mit anderen unter dem Sammeltitel „Parabolisches" veröffentlicht.

Worterklärung: Philister = Spießer

Ausführung

In diesem Gedicht von Johann Wolfgang von Goethe, das mit anderen unter dem Sammeltitel „Parabolisches“ veröffentlicht wurde, wird das Lesen von Gedichten mit dem Blick auf die Fenster einer Kirche verglichen. Basissatz

In der ersten Strophe bezeichnet der Autor Gedichte als „gemalte Fensterscheiben“ (Z. 1) einer Kirche, die von außen undurchsichtig (Z. 3) sind. Diese Betrachtungsweise der Lyrik wird den „Philistern“ (Z. 4) zugeordnet, die ihr Leben nach Ansicht des lyrischen Sprechers deshalb in Verdruss zubringen und dazu verurteilt sind, es auch in der Zukunft zu tun (Z. 5 – 6). In der folgenden Strophe wird der Leser animiert, seinen Blick auf das Innere der „Kapelle“ (Z. 7 f.) zu richten. Hier ist auf einmal alles „farbig helle“ (Z. 9) und schön anzusehen. Der lyrische Sprecher charakterisiert Menschen, die diese Perspektive haben, positiv (als „Kinder Gottes“, Z. 12) und appelliert an sie, ihre Betrachtungsweise beizubehalten (Z. 13): Sie dient der Erbauung und dem „Ergetzen“. Inhalt

Im gedanklichen Aufbau lassen sich im Wesentlichen zwei Abschnitte erkennen. Nachdem Gedichte mit einem konkreten Bild, den Kirchenfenstern (Z. 1), paraphrasiert worden sind, wendet sich die Perspektive zuerst auf das Äußere der Kirche, womit dann die Personengruppe der Philister charakterisiert wird. In der zweiten Strophe wechselt die Perspektive in das Innere der „heiligen Kapelle“ (Z. 8). Diese Sichtweise wird im übertragenen Sinn den Freunden der Lyrik zugeordnet. Man erkennt also, dass der Autor in jeder Strophe eine bestimmte Perspektive einer spezifischen Personengruppe zuordnet. Aufbau: gedanklich

Die äußere Form unterstützt diesen Aufbau. Dies fällt schon an der Aufteilung in zwei fast gleich lange Strophen (jeweils sechs bzw. sieben Verszeilen) auf. Der Reim ist ungewöhnlich und keinem festen Schema unterworfen. Während man in der ersten Strophe vielleicht von einem „doppelt“ umarmenden Reim (abccba) sprechen könnte, wechselt in der zweiten Strophe umarmender Reim mit Paarreim (abbbacc). Insgesamt kombiniert er aber die jeweilige Betrachtungsweise der Kirche bzw. Gedichte mit der dazugehörigen Personengruppe. Das Metrum hat Fünf- und Vierheber, immer mit Auftakt (ein- und zweisilbige Senkungen) sowie männlicher oder weiblicher Kadenz. äußerlich metrische Form Reim Metrum

Analyse der sprachl. Mittel: Satzbau

Wortwahl

Vom sprachlich-stilistischen Standpunkt aus gesehen bewegt sich dieses Gedicht auf sehr hohem Niveau. Während die Syntax nicht sonderlich kompliziert und bis auf die gehäufte Zahl von Ausrufen (Z. 1, 7, 13), die die Freude des lyrischen Sprechers an der Lyrik symbolisieren, unauffällig ist, so lässt sich eine Vielzahl an Vokabeln finden, die nicht aus der Alltagssprache stammen (z. B. „Erbaut ... ergetzt", Z. 13; „Zierat", Z. 10; „edler Schein", Z. 11) und dadurch dem Gedicht eine Art Eleganz verleihen.

Weiterhin fällt auf, dass das Vokabular sich mit der Veränderung der Perspektive von negativ („dunkel und düster", Z. 3; „verdrießlich", Z. 5) zu positiv konnotiert hin wandelt („heilige Kapelle", Z. 8; „Zierat glänzt", Z. 10; „edler Schein", Z. 11).

Laut und Klang

In diesem Zusammenhang sind in der zweiten Strophe auch eine Vielzahl heller Vokale erkennbar (z. B. „Geschicht' und Zierat glänzt in Schnelle", Z. 10).

rhetorische Mittel: Alliteration Parallelismus

Anapher

Wendet man sich nun den rhetorischen Mitteln zu, so kommt man ebenfalls zu dem Schluss, dass Goethe viel Mühe auf dieses Gedicht verwendet hat. Sowohl die Alliteration in der ersten Strophe („dunkel und düster", Z. 3) als auch der hier vorzufindende Parallelismus („verdrießlich sein ... verdrießlich bleiben", Z. 5 f.) dienen dem Zweck, die negative Charakterisierung der Philister hervorzuheben. Konträr dazu stehen die Worte der zweiten Strophe („Erbaut ... ergetzt", Z. 13), die den Freunden der Poesie zugeordnet sind.

entscheidende Metapher

Das alles überragende rhetorische Mittel ist allerdings die Metapher der Betrachtung von Kirchenfenstern (Z. 1–3), die als Beschäftigung mit der Lyrik interpretiert werden muss. Sie wird durch den Perspektivenwechsel vom Äußeren zum Inneren der Kirche und durch die Zuordnung charakteristischer Attribute (z. B. „heilig", Z. 8) ausgebaut.

Rolle der Gedichte

Diese Metapher steht in engem Zusammenhang mit der Rolle, die Goethe den Gedichten zuspricht. Diese Rolle ist natürlich sehr positiv und es ist anzunehmen, dass dieses Gedicht die Meinung Goethes zum großen Teil widerspiegelt. Die Kurzcharakteristik „Geschicht' und Zierat glänzt in Schnelle" (Z. 10) gibt hierbei die Eigenschaften wieder, die ein Gedicht seiner Meinung nach lesenswert machen, nämlich kunstvolle Gestaltung und interessante inhaltliche Aussage bei extremer Kürze (verglichen beispielsweise mit der Länge eines Romans).

Wirkung der Beschäftigung mit Lyrik

Menschen, die sich mit Lyrik nur flüchtig beschäftigen, d. h. die „Kirche" nur von außen betrachten, werden aber nicht in der Lage sein, die Steigerung der Lebensfreude, die sich aus der Beschäftigung mit Lyrik ergibt, zu empfinden. Sie werden als Philister, d. h. als Spießer bezeichnet, die aufgrund ihrer verstockten und materialistischen Haltung gegenüber dem Leben und besonders der Lyrik dazu verdammt sind, ein Leben in Verdruss zu führen.

Eine Steigerung der Lebensqualität erreicht nur, wer sich intensiv mit Gedichten beschäftigt, d. h. das Innere der „heiligen Kapelle" (Z. 8) betritt. Genuss und „Erbauung" (Z. 13) erfährt man durch die Lyrik und gesellt sich damit zu den „Kindern Gottes" (Z. 12).

abschließende Gesamtinterpretation

Aufsatzbeispiel VII: Naturgedicht

Georg Britting (1891 – 1964)
Der Mond kommt jetzt sehr früh herauf

Der Mond kommt jetzt sehr früh herauf
Und glänzt wie Silber matt.
Es schaut kein Mensch zu ihm hinauf –
So ist das in der Stadt,
Wo keiner Zeit zu haben meint
nach oben hin zu spähn.
Er aber kommt und geht und scheint,
Auch wenn wir ihn nicht sehn.
Das kränkt ihn nicht, das macht ihm noch
Nicht das Geringste aus.
Und wenn wir schlafen, taub und blind,
Fühllos, wie Schläfer sind –
Das gilt ihm gleich, er legt uns doch
Sein Licht auf unser Haus.

▶ *Erstellen Sie eine Interpretation des Gedichts.*

Erläutern Sie dabei, wie Menschen und Mond zueinander in Beziehung gesetzt werden und mit welchen Mitteln der Dichter sein Gedicht gestaltet hat.

Ausführung

Basissatz

Das Gedicht „Der Mond kommt jetzt sehr früh herauf“ von Georg Britting beschreibt den Mondaufgang über einer Stadt, der doch von deren Bewohnern gar nicht wahrgenommen wird.

Inhaltsangabe

Zu Beginn wird der Leser konkret in die Situation, den Aufgang des Mondes, eingeführt (Z. 1 f.). Der lyrische Sprecher merkt im Folgenden jedoch an, dass dies von keinem Bewohner der Stadt beobachtet werde (Z. 3 f.), da niemand die Zeit dafür zu haben glaube (Z. 5 f.). Dies sei für den Mond jedoch ohne jede Bedeutung und „kränkt ihn nicht“ (Z. 7–10). Er bringe den Menschen sein Licht, auch wenn alle Einwohner fest im Schlaf gefangen seien (Z. 11–14).

erster Eindruck

Nach der ersten Lektüre hat man also den Eindruck, dass der Mond in keiner abhängigen Beziehung zum Menschen steht.

Aufbau

aufgehender Mond und Bewohner einer Stadt stehen sich antithetisch gegenüber

Wendet man sich dem gedanklichen Aufbau des Gedichts zu, so erkennt man zu Beginn ein konkretes Bild: den aufgehenden Mond. Dem gegenüber stehen die nicht näher beschriebenen Bewohner einer Stadt, die davon keine Notiz nehmen. Die hierfür gegebene Begründung („keine[r] Zeit“, Z. 5) erscheint dem lyrischen Sprecher jedoch fraglich („Wo keiner Zeit zu haben meint“, Z. 5). Es wird jedoch antithetisch dagegengestellt, dass das Interesse oder Desinteresse der Menschen am Mond ohnehin bedeutungslos sei (Z. 7–10). Darauf fällt der Blick zurück auf die schlafenden Menschen, die dies alles nicht bemerken, und wiederum folgt eine Antithese: „Das gilt ihm [dem Mond] gleich ...“ (Z.13 f.).

Wechsel der Perspektive

So wie sich Thesen und Antithesen abwechseln, so wandert auch die Perspektive immer wieder vom Mond (Z. 1 f., 7–10, 13 f.) zu den Menschen (Z. 3–6, 11 f.) und zurück.

äußere Form:

Reimschema

Manche Teile der äußeren Form unterstützen den gedanklichen Aufbau, andere stehen im Widerspruch zu ihm, sie erzeugen eine Spannung. Die 14 Verszeilen sind durch zwei Kreuzreime (Z. 1–4 und 5–8) und, sofern man die Zeilen 9 und 13 sowie 10 und 14 zusammenzieht, umarmende Reime verbunden. Dieses Reimschema, das eigentlich eine Verknüpfung oder Synthese unterstützt, stellt einen Kontrast zum inhaltlich beziehungslosen Nebeneinander von Mensch und Mond dar und kann dadurch die Aussage des Gedichts noch stärker hervorheben: dass Mensch und Mond eigentlich zusammengehören und doch getrennt sind.

Das Metrum dieses Gedichts besteht abwechselnd aus vier- und dreihebigen Jamben. Die Endungen sind immer männlich. Das gibt dem Gedicht einen sehr ruhigen und gleichmäßigen Rhythmus, was der Situation (ruhige Nacht) angemessen erscheint.

Metrum

Von der sprachlichen Seite betrachtet wirkt das Gedicht recht unkompliziert. Die zumeist kurzen Sätze sind, wenn überhaupt, mit antithetischen Konjunktionen verbunden (z. B. „aber", Z. 7; „Auch wenn", Z. 8; „doch", Z. 13). Sie unterstreichen die Gegenüberstellung Mond – Mensch. Zwei Verbgruppen fallen besonders auf. Dem Menschen sind Verben des Sehens bzw. Nichtsehens zugeordnet (z. B. „schaut kein Mensch", Z. 3; „nicht sehn", Z. 8; „blind", Z. 11), dem Mond dagegen die des Leuchtens (z. B. „glänzt", Z. 2; „scheint", Z. 7). Dies erscheint logisch, da der große Gegensatz des Gedichts eben darin besteht, dass das Scheinen des Mondes von keinem Bewohner der Stadt bewusst wahrgenommen wird.

Analyse der sprachlichen Mittel:

Satzbau antithetische Konjunktionen Verben des Sehens bzw. Nichtsehens

Bei der Beschreibung des Mondes benutzt Britting die Stilmittel des Vergleichs („glänzt wie Silber matt", Z. 2), eines Bildes („er legt uns doch sein Licht auf unser Haus", Z. 13 f.) und darüber hinaus sogar einer Personifizierung („Das kränkt ihn nicht", Z. 9). Diese sprachlichen Mittel unterstützen also den antithetischen gedanklichen Aufbau.

Vergleich

Personifizierung

In der Interpretation soll nun zusammengefasst werden, wie Menschen und Mond in diesem Gedicht zueinander in Beziehung gesetzt werden. Es ist eigentlich klar, dass der Mensch keinen Einfluss darauf nehmen kann, ob der Mond scheint oder nicht, geschweige denn ihn dadurch beleidigen könnte, dass er ihn nicht beobachtet. Trotzdem werden die Menschen für ihre Teilnahmslosigkeit indirekt kritisiert. Sie „meinen" (Z. 5) nur keine Zeit zu haben. Man muss diese Kritik wohl im übertragenen Sinne sehen. Möglicherweise steckt dahinter der Appell, sich für solche – für den Alltagsmenschen eigentlich nutzlosen, aber erbaulichen und erhebenden – Vorgänge ein bisschen Zeit zu nehmen. Das lapidare Statement „So ist das in der Stadt" wirkt aber eher resignativ.

Gesamtschau und -interpretation

Kritik an Teilnahmslosigkeit der Menschen

Appell an den Leser

Da der Mond in der Lyrik häufig ein Symbol für Liebe und Geborgenheit bzw. für ein romantisches, über die Alltagswelt erhebendes Gefühl ist, liegt die Vermutung nahe, dass der Verfasser dem Leser das Gefühl vermitteln will, dass sehr viele Dinge auch ohne unser Zutun und sogar im Verborgenen ablaufen, für die wir uns – zu unserem Gewinn – stärker interessieren sollten.

Verfasserintention

Aufsatzbeispiel VIII: Stadtgedicht

Kurt Tucholsky (1890 – 1935)
Augen in der Großstadt

► *Erstellen Sie eine Interpretation des folgenden Gedichts.*

Wenn du zur Arbeit gehst
am frühen Morgen,
wenn du am Bahnhof stehst
mit deinen Sorgen:
da zeigt die Stadt
dir asphaltglatt
im Menschentrichter
Millionen Gesichter:
Zwei fremde Augen, ein kurzer Blick,
die Braue, Pupillen, die Lider—
Was war das? vielleicht dein Lebensglück . . .
vorbei, verweht, nie wieder.

Du gehst dein Leben lang
auf tausend Straßen;
du siehst auf deinem Gang,
die dich vergaßen.
Ein Auge winkt,
die Seele klingt;
du hasts gefunden,
nur für Sekunden ...
Zwei fremde Augen, ein kurzer Blick,
die Braue, Pupillen, die Lider;
Was war das? kein Mensch dreht die Zeit zurück . . .
Vorbei, verweht, nie wieder.

Du musst auf deinem Gang
durch Städte wandern;
siehst einen Pulsschlag lang
den fremden Andern.
Es kann ein Feind sein,
es kann ein Freund sein,
es kann im Kampfe dein
Genosse sein.
Es sieht hinüber
und zieht vorüber . . .
Zwei fremde Augen, ein kurzer Blick,
die Braue, Pupillen, die Lider.
Was war das?
Von der großen Menschheit ein Stück!
Vorbei, verweht, nie wieder.

Ausführung

Basissatz

Das vorliegende Gedicht „Augen in der Großstadt“ von Kurt Tucholsky beschäftigt sich mit dem menschlichen Zusammenleben in der Großstadt zu Beginn des 20. Jahrhunderts.

Inhaltsangabe

In der ersten Strophe setzt sich das lyrische Ich in Form einer Anrede an den Leser („du“, Z. 1, 3) mit den vielen alltäglichen Begegnungen fremder Menschen auf ihrem Weg zur Arbeit (vgl. „Millionen Gesichter“) auseinander (Z. 1–10). Die mit diesen Begegnungen verbundenen Hoffnungen (vgl. „vielleicht dein Lebensglück“, Z. 11) erfüllen sich jedoch nicht: Die Möglichkeiten sind schnell „vorbei, verweht, [und kommen] nie wieder“ (Z.12). Diese Situation wird in der zweiten Strophe auf das gesamte Leben des Großstadtmenschen ausgeweitet (Z. 13 f.). Auch Begegnungen mit Bekannten führen weder zu Erkennen noch zu irgendeiner Kommunikation (vgl. Z. 15–24). Die dritte Strophe verallgemeinert dieses Geschehen nochmals: Jeder Mensch in jeder Stadt wird zum nicht identifizierbaren Fremden (vgl. Z. 25 – 38).

vorläufige Deutung

Auf den ersten Blick scheint dieses Gedicht die Kommunikationslosigkeit und -unfähigkeit der in der Großstadt lebenden Menschen zu kritisieren.

Analyse des Aufbaus / der Struktur

Dies wird auch durch den Aufbau unterstützt. Hat der Leser in der ersten Strophe noch ein klares Bild, nämlich den Arbeitsweg eines Individuums, vor Augen, so werden die Beschreibungen im Verlauf der zweiten („dein Leben lang“, Z.13) und vor allem dritten Strophe („Städte“, Z. 26) immer allgemeiner. Und jedes Mal ergibt sich die gleiche Beobachtung („Zwei fremde Augen, ein kurzer Blick“, Z. 9, 21, 35) sowie das gleiche Fazit („vorbei, verweht, nie wieder“, Z. 13, 24, 38). Die Perspektive erweitert sich also von Strophe zu Strophe, wobei sich das Ergebnis der Betrachtung jedoch nicht ändert.

äußere Form:

Reimschemata

Versmaß

Die klar gegliederte äußere Form kann als Stütze des gedanklichen Aufbaus interpretiert werden. Alle drei Strophen sind mit jeweils 12 bzw. 14 (3. Strophe) Zeilen praktisch fast gleich lang und durch sehr ähnliche Reimschemata verbunden, nämlich pro Strophe je zwei Kreuzreime, die von zwei bzw. drei (3. Strophe) Paarreimen unterbrochen werden. Somit wird jeder Perspektive in etwa dieselbe Länge eingeräumt. Das Versmaß besteht bis auf eine Ausnahme pro Strophe (Z. 11, 23, 37) aus drei- und zweihebigen Jamben, die abwechselnd männlich und weiblich enden. Der daraus resultierende Rhythmus imitiert die inhaltliche Beschreibung der Wege, die der Mensch in der Stadt zurücklegt. Die Fragen (Z. 11, 23, 37), die den Rhythmus unterbrechen, haben natürlich besondere Bedeutung: Sie wirken wie Schlaglichter, die den Alltagstrott kurz hell erleuchten und mit Sinn zu erfüllen scheinen. Doch im Nu ist ihre Blitzwirkung dahin und alles versackt wieder im gleichen stumpfsinnigen Trott.

Entsprechung von Aufbau und Inhalt

Zusammenfassend kann man also sagen, dass der gleichmäßige Aufbau mit dem inhaltlich klaren Gedankengang harmoniert. Diese Gleichartigkeit kann auch inhaltsbezogen interpretiert werden, da sich, wie oben schon angemerkt, an dem Fazit des lyrischen Ichs in keiner Strophe etwas verändert: Die gleichartige Komposition unterstützt die deprimierende Botschaft: Wohin man auch blicken mag, es eröffnen sich keine Perspektiven.

Analyse der sprachlichen Mittel:
Parataxen
Ellipsen

Bei der Betrachtung der Sprache sind vor allem die Häufung von aneinander gereihten, z. T. gleichartig aufgebauten Parataxen (z. B. „Du gehst dein Leben lang auf tausend Straßen; du siehst auf deinem Gang, die dich vergaßen“, Z. 13–16; „Ein Auge winkt, die Seele klingt“, Z. 17 f.) und die Vielzahl von Ellipsen („Zwei fremde Augen, ein kurzer Blick, die Braue, Pupillen, die Lider;“, Z. 9 f.; „Vorbei, verweht, nie wieder“, Z. 12) auffällig.

Das Vokabular entstammt, mit Ausnahme zweier Neologismen („asphaltglatt“, Z. 6; „Menschentrichter“, Z. 7), der Alltagssprache. Es ist außerdem eine Vielzahl von Verben aus dem Wortfeld „Bewegung“ zu entdecken („gehst“, Z. 1; „wandern“, Z. 26; „zieht vorüber“, Z. 34). Da dieses Gedicht den Weg eines Menschen im Alltag beschreibt, scheint die Verwendung dieses Vokabulars und dieser Syntax angemessen. Die Anrede des Lesers („Du“, Z. 1, 3, 13 usw.) ist wohl nicht zufällig und trägt dazu bei, dass der Leser stärker geneigt ist, sich mit den Erfahrungen des lyrischen Sprechers zu identifizieren. Bei der Betrachtung der sprachlichen Mittel findet schon beim ersten Lesen die Vielzahl an Wiederholungen Beachtung (z. B. „Vorbei, verweht nie wieder.“, Z. 12, 24, 38; „Zwei fremde Augen, ein kurzer Blick, die Braue, Pupillen, die Lider; Was war das?“, Z. 9–11, 21–23, 35–37). Sie verstärken beim Leser den Eindruck der Gleichförmigkeit, die den Begegnungen des lyrischen Ichs anhaftet. Diese Wiederholungen sind innerhalb jeder Strophe sogar an derselben Stelle platziert. Der Parallelismus in der dritten Strophe („Es kann ... es kann ... es kann“, Z. 29–31) unterstreicht diese Eintönigkeit noch einmal.

Wortwahl

Anrede des Lesers

Wiederholungen

Parallelismus

Als weiteres wichtiges rhetorisches Mittel müssen die beiden Neologismen („asphaltglatt“, Z. 6; „Menschentrichter“, Z. 7) gewürdigt werden. Der Asphalt muss wohl als Bild für die Stadt betrachtet werden, auf dem es sehr leicht ist auszugleiten, d. h. wohl sozial abzustürzen. Der „Menschentrichter“ soll vermutlich die Vermassung und Homogenität der Einwohner einer Großstadt symbolisieren. Die sprachlichen Mittel haben insgesamt gesehen also eine starke Suggestivkraft auf den Leser: Er muss sich in seiner eigenen Situation angesprochen fühlen.

Neologismen

Die Interpretation dieses Gedichts fällt nun relativ leicht. Die Kernaussage ist die Kritik am wortwörtlich zu nehmenden Nebeneinanderleben der Menschen in der Großstadt. Individualität ist nicht anzutreffen und es ist nicht möglich, mit anderen Menschen soziale Kontakte zu pflegen. Die in der Zeit um die Jahrhundertwende und der frühen Moderne häufig geäußerte Kritik am Großstadtleben muss im Spiegel dieser Epoche betrachtet werden. Die industrielle Revolution in Deutschland und die damit verbundene Entwicklung eines Massenproletariats führte vor allem in den sich rasch vergrößernden Städten zu großen sozialen Problemen (z. B. Arbeitsplätze, Wohnraum). Doch ist die Aktualität dieses

Gesamtschau und Gesamtinterpretation

Kritik am Leben in der Großstadt

Hinweis auf Aktualität des Gedichts

Gedichts auch in unserer Zeit, in der wir vielleicht auf dem Weg sind, diese Probleme zu bewältigen, nicht zu verkennen. Die „Vermassung“ der Menschen ist auch heute noch, z. B. in öffentlichen Verkehrsmitteln greifbar. Und das menschliche Zusammenleben in Großstädten ist nach wie vor, vielleicht mehr als je zuvor, von Anonymität und von Vereinsamung, besonders alter Menschen geprägt.

Aufsatzbeispiel IX: Gedicht in freien Versen

Bertolt Brecht (1898 – 1956)
Ich habe gehört, ihr wollt nichts lernen

Ich habe gehört, ihr wollt nichts lernen
Daraus entnehme ich: ihr seid Millionäre.
Eure Zukunft ist gesichert – sie liegt
Vor euch im Licht. Eure Eltern
Haben dafür gesorgt, daß eure Füße
An keinen Stein stoßen. Da mußt du
Nichts lernen. So wie du bist
Kannst du bleiben.

Sollte es dann noch Schwierigkeiten geben, da doch die Zeiten
Wie ich gehört habe, unsicher sind
Hast du deine Führer, die dir genau sagen
Was du zu machen hast, damit es euch gut geht.
Sie haben nachgelesen bei denen
Welche die Wahrheiten wissen
Die für alle Zeiten Gültigkeit haben
Und die Rezepte, die immer helfen.

Wo so viele für dich sind
Brauchst du keinen Finger zu rühren.
Freilich, wenn es anders wäre
Müßtest du lernen.

► *Erstellen Sie eine Interpretation dieses Gedichts.*

Ausführung

Das vorliegende Gedicht von Bertolt Brecht „Ich habe gehört, ihr wollt nichts lernen" ist eine ironische Ansprache des lyrischen Ichs an lernunwillige Jugendliche. Basissatz

Der lyrische Sprecher beginnt seine „Rede" mit der ihm angeblich zugetragenen Information, die Zuhörer wollten nichts lernen (Z. 1) und folgert daraus, sie müssten materiell demnach vollkommen abgesichert sein (Z. 2–6), sodass zum Lernen keine Notwendigkeit bestehe (Z. 6–8). Inhaltsangabe

In der zweiten Strophe setzt sich der lyrische Sprecher mit möglichen Problemen auseinander, die über den Rahmen materieller Absicherung hinausgehen (Z. 9). Er begründet dies mit der Behauptung, die Zeiten seien unsicher (Z. 10), geht jedoch nicht näher auf diese Situation ein. Schwierigkeiten aller Art würden angeblich ja durch „Führer" (Z. 11) überwunden, die sich im Besitz der Wahrheit wüssten (Z. 11–16).

Das Resümee folgt im dritten Abschnitt: In einer Situation solcher Art sei das Lernen überflüssig (Z. 17 f.). Nur wenn die Dinge anders lägen, wäre Lernen nötig (Z. 19 f.).

Diese Aussage des Gedichts will offensichtlich nicht wörtlich genommen werden. Was auf den ersten Blick wie eine Legitimation der geistigen Faulheit aussieht, ist in Wahrheit scharfe ironische Kritik.

Das Gedicht ist gedanklich in drei große Teile unterteilt. Aus der These des Nichtlernenwollens folgert der Sprecher die materielle Sicherheit der Angesprochenen. Sein Fazit ist daher, dass für die Angesprochenen alles so bleiben kann, wie es gegenwärtig ist. Die zweite Strophe beschäftigt sich dann zwar mit anderen potentiellen Unsicherheitsfaktoren. Der lyrische Sprecher entkräftet aber auch dieses mögliche Argument zum Lernen mit dem Hinweis auf die allwissenden Führer. Die dritte Strophe enthält schließlich das große Fazit: „Wo so viele für dich sind/Brauchst du keinen Finger zu rühren." (Z. 17 f.) Der Aufbau ist also in sich scheinbar sehr logisch angelegt und argumentativ zwingend. Aufbau: gedanklich

Die Strophenzahl entspricht der gedanklichen Dreiteilung. Dabei sind die argumentativen ersten beiden Strophen doppelt so lang (acht Zeilen) wie das pointierte Resümee der letzten vier Zeilen. äußerlich

Es sind weder Reim noch ein durchgängiges Versmaß vorhanden, man könnte aber von rhythmisierter Prosa sprechen. Allerdings ist Form: rhythmisierte Prosa *durch den argumentativen Stil an den meisten Stellen nur noch wenig vom Rhythmus eines Gedichts im klassischen Sinne zu spüren. Der Verzicht auf dieses Mittel kommt andererseits dem „Redecharakter" dieses Gedichts entgegen. Insgesamt entspricht die äußere Form des Gedichts aber nur scheinbar der Aussageabsicht des lyrischen Sprechers bzw. des Dichters. Bei genauerer Betrachtung steht sie eigentlich in keinem sinnvollen Zusammenhang, sondern sogar in Widerspruch zum Thema: Es herrscht eine ironische Spannung zwischen der vordergründigen Aussage und der eigentlichen Aussageabsicht des lyrischen Sprechers in Bezug auf seine Thesen. Das könnte die Entscheidung Brechts erklären, für die möglichst effektive Vermittlung seiner Aussage auf die Gedichtform zurückzugreifen.*

Analyse der sprachlichen Mittel: Hypotaxe

Auch sprachlich überwiegt ein scheinbar argumentativer Stil. Das Gedicht besteht zum großen Teil aus hypotaktischen Satzkonstruktionen (z. B. „Daraus entnehme ich", Z. 2; „Sollte es dann Schwierigkeiten geben, da doch ..., wie ich gehört habe, hast du deine Führer, die die genau sagen was ..., damit...", Z. 9–12). Abgesehen davon ist es sprachlich eher unauffällig.

Wortwahl

Das Vokabular und die Konstruktionen sind der Alltagssprache entnommen, es gibt nur wenige Bilder (z. B. „... daß eure Füße an keinen Stein stoßen", Z. 5 f.; „Brauchst du keinen Finger zu rühren.", Z. 18) und auch diese sind nicht sonderlich ungewöhnlich, sondern haben eher den Charakter alltäglicher Redewendungen. Anaphern, Alliterationen, Parallelismen und andere rhetorische Stilmittel sind kaum zu finden.

keine besonderen Stilmittel

beißende Ironie

All dies würde einem nüchternen, sachlichen und argumentativen Stil entgegenkommen, wenn sich nicht beißende Ironie durch den gesamten Text ziehen würde. Es ist beispielsweise völlig unwahrscheinlich, dass die gesamte Zuhörerschaft des lyrischen Sprechers tatsächlich aus Millionärssprösslingen (Z. 2) besteht. Auch wird man wohl nach den politischen Führern, die immer wissen „was du zu machen hast, damit es euch gut geht" (Z. 12 f.), vergeblich Ausschau halten – ganz abgesehen davon, dass der Begriff des „Führers" ein zumindest zwiespältiger, wenn nicht negativ besetzter Begriff ist. Genauso sind „Rezepte, die immer helfen" (Z. 16) eine Illusion. Der Wink mit dem Zaunpfahl „versteckt" sich allerdings im letzten Satz des Gedichtes. Wenn man sich den Konjunktiv wegdenkt und die Konjunktion „wenn" durch „weil" ersetzt, erhält man den wahren Sinn: „Freilich, da es anders ist, mußt du lernen!"

Zusammenfassend kann man also sagen, dass alle anderen sprachlichen und stilistischen Mittel vorwiegend den Zweck haben, die Ironie des Textes nicht allzu offensichtlich werden zu lassen. Doch gerade dadurch kommt sie natürlich besonders gut zur Wirkung.

Zusammenfassung

Die Interpretation ist nun relativ klar. Gerade weil man sich nicht auf materielle Absicherung durch Eltern oder andere Menschen verlassen kann, ist Lernen, d. h. Bildung notwendig, um für sich selbst zu sorgen. Die Zukunft ist keinesfalls „gesichert" (Z. 3). Indirekt werden natürlich auch die Eltern kritisiert, die ihren Kindern jeden Antrieb zur Eigeninitiative durch übertriebene Fürsorge nehmen. Aber auch auf der politischen Ebene ist Bildung und Wissen von größter Wichtigkeit. Man darf nicht auf Führerfiguren bauen, die für sich die Wahrheit beanspruchen und den Einzelnen entmündigen. Trotz des fehlenden Entstehungsjahres dieses Gedichtes kann man in dieser Hinsicht deutliche Anspielungen an die Zeit des Dritten Reiches erkennen (mit den „Führern" sind ohne Zweifel letzten Endes die verbrecherischen Führer Hitler, Mussolini und Stalin gemeint). Viele Menschen beriefen sich nach dem Zweiten Weltkrieg auf ihre Unwissenheit bezüglich der Greueltaten der Nazis oder behaupteten auf Befehl eines „Führers" gehandelt zu haben.

Gesamtschau und Gesamtinterpretation:

Appell an den Leser

Das Fazit „Wo so viele für dich sind brauchst du keinen Finger zu rühren" (Z.17 f.) führt sich selbst ad absurdum. Denn wenn jeder so dächte, bräche jedes System sofort zusammen oder würde eben totalitär. „Aufklärung ist der Ausgang des Menschen aus seiner selbstverschuldeten Unmündigkeit", sagte Immanuel Kant. Ein ähnliches aufklärerisches Anliegen verfolgt hier zweifellos auch Brecht: Wer ein selbstständiges Individuum werden will, muss lernen und sich engagieren.

Verfasserintention

Weitere prüfungstypische Themen

▶ Richard Dehmel (1863 – 1920)
Manche Nacht

Wenn die Felder sich verdunkeln,
Fühl' ich, wird mein Auge heller;
Schon versucht ein Stern zu funkeln
Und die Grillen wispern schneller.

Jeder Laut wird bilderreicher,
Das Gewohnte sonderbarer,
Hinterm Wald der Himmel bleicher,
Jeder Wipfel hebt sich klarer.

Und du merkst es nicht im Schreiten,
Wie das Licht verhundertfältigt
Sich entringt den Dunkelheiten.
Plötzlich stehst du überwältigt.

▶ *Geben Sie eine Interpretation des Gedichts.*

Zeigen Sie dabei auf, welche Erfahrung das lyrische Ich schildert und mit welchen Mitteln der Autor sein Gedicht gestaltet hat.

▶ Joseph von Eichendorff (1788 – 1857)
Winternacht

Verschneit liegt rings die ganze Welt,
Ich hab nichts, was mich freuet,
Verlassen steht der Baum im Feld,
Hat längst sein Laub verstreuet.

Der Wind nur geht bei stiller Nacht
Und rüttelt an dem Baume,

Da rührt er seinen Wipfel sacht
und redet wie im Traume.

Er träumt von künftger Frühlingszeit,
Von Grün und Quellenrauschen,
Wo er im neuen Blütenkleid
Zu Gottes Lob wird rauschen.

► *Geben Sie eine Interpretation des Gedichts.*

Achten Sie dabei darauf, welche Stimmung das lyrische Ich zum Ausdruck bringt und mit welchen Mitteln der Autor sein Gedicht gestaltet hat.

► Karl Krolow (1915 – 1999)
Hoher Herbst

Die Kastanie fällt.
Die Walnuss wird geschlagen.
Das nasse Obst:
in Körben heimgetragen!

Der Wind aus West,
der Regen treibt die Blätter.
Das Astwerk bricht
herab im schweren Wetter.

Die graue Zeit
sinkt mit den Nebeln nieder.
Die Kühle greift
den Vögeln ins Gefieder.

Nur Rabenschrei
verhallt in leeren Wäldern
beim scharfen Rauch
aus den Kartoffelfeldern.

► *Geben Sie eine Interpretation des Gedichts.*

▶ Alfred Wolfenstein (1888 – 1945)
Städter

Dicht wie Löcher eines Siebes stehn
Fenster beieinander, drängend fassen
Häuser sich so dicht an, dass die Straßen
Grau geschwollen wie Gewürgte sehn.

Ineinander dicht hineingehakt
Sitzen in den Trams die zwei Fassaden
Leute, ihre nahen Blicke baden
Ineinander, ohne Scheu befragt.

Unsre Wände sind so dünn wie Haut
Dass ein jeder teilnimmt, wenn ich weine.
Unser Flüstern, Denken … wird Gegröle …

– Und wie still in dick verschlossner Höhle
Ganz unangerührt und ungeschaut
Steht ein jeder fern und fühlt: alleine.

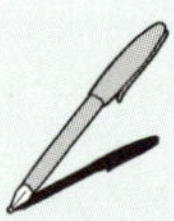

▶ *Erstellen Sie eine Interpretation des Gedichts.*

▶ Joseph von Eichendorff (1788 – 1857)
Frische Fahrt

Laue Luft kommt blau geflossen,
Frühling, Frühling soll es sein!
Waldwärts Hörnerklang geschossen,
Mut'ger Augen lichter Schein;
Und das Wirren bunt und bunter
Wird ein magisch wilder Fluss,
In die schöne Welt hinunter
Lockt dich dieses Stromes Gruß.

Und ich mag mich nicht bewahren!
Weit von euch treibt mich der Wind,
Auf dem Strome will ich fahren,
Von dem Glanze selig blind!
Tausend Stimmen lockend schlagen,
Hoch Aurora[1)] flammend weht,
Fahre zu! ich mag nicht fragen,
Wo die Fahrt zu Ende geht!

1) Aurora = Morgenröte

▶ Bertolt Brecht (1898 – 1956)
Der Radwechsel

Ich sitze am Straßenrand
Der Fahrer wechselt das Rad.
Ich bin nicht gern, wo ich herkomme.
Ich bin nicht gern, wo ich hinfahre.
Warum sehe ich den Radwechsel
Mit Ungeduld?

▶ *Interpretieren Sie das erste Gedicht und erläutern Sie dabei das zum Ausdruck gebrachte Lebensgefühl.*

Vergleichen Sie das Gedicht abschließend mit dem zweiten Gedicht.

▶ Georg Heym (1887 – 1912)
Die Seiltänzer

Sie gehen über den gespannten Seilen
Und schwanken manchmal fast, als wenn sie fallen.
Und ihre Hände schweben über allen,
Die flatternd in dem leeren Raum verweilen.

Das Haus ist übervoll von tausend Köpfen,
Die wachsen aus den Gurgeln steil, und starren
Wo oben hoch die dünnen Seile knarren.
Und Stille hört man langsam tröpfeln.

Die Tänzer aber gleiten hin geschwinde
Wie weiße Vögel, die die Wandrer narren
Und oben hoch im leeren Baume springen.

Wesenlos, seltsam, wie sie sich verrenken
Und ihre großen Drachenschirme schwingen,
Und dünner Beifall klappert auf den Bänken.

▶ *Erstellen Sie eine Interpretation dieses Gedichts.*

Die Textinterpretation

Kurz wiederholt: Was ist eigentlich eine Textinterpretation?

Bei einer „Textinterpretation" (ein anderer Name dafür lautet **Textanalyse**) geht es grundsätzlich entweder um die Untersuchung eines so genannten „Gebrauchstextes" (wie z. B. eines Zeitungsartikels, eines populärwissenschaftlichen Textes oder einer Rede) oder um die Auseinandersetzung mit einem poetischen (fiktionalen, literarischen) Text – beispielsweise einem Dramen- oder Romanausschnitt oder einem kürzeren, in sich geschlossenen erzählenden Text. Auch ein Textvergleich kann verlangt werden, wobei dann jeder Text für sich zu analysieren und die Ergebnisse anschließend miteinander zu vergleichen sind. Manchmal sind die Grenzen zwischen fiktionalen und nicht-fiktionalen Textformen zwar fließend – so weisen diverse journalistische Textformen, z. B. die Glosse, durchaus auch Elemente auf, die sie in starke Nähe zu fiktionalen Texten rücken –, doch werden die beiden Formen in der schulischen Praxis nie miteinander vermischt.

In der Zentralen Klassenarbeit geht es ausschließlich um die Interpretation eines fiktionalen Textes, näherhin um einen kurzen, in sich abgeschlossenen literarischen Prosatext, sodass wir andere fiktionale Texte oder gar Gebrauchstexte nicht berücksichtigen müssen und uns auf kurze, in sich geschlossene epische Texte beschränken können. (Im Prinzip gelten die folgenden Ausführungen zur Textinterpretation allerdings weitgehend für die Analyse aller fiktionalen und großenteils auch der nicht-fiktionalen Texte.)

Wenn du nun einen solchen kurzen Prosatext interpretieren sollst, dann ist von dir grundsätzlich eine Untersuchung des vorgelegten Textes verlangt, in der du die Aussagen und Problemstellung(en) dieses Textes sowie die Art der Darstellung erläuternd darlegst und anschließend dazu Stellung nimmst.

Das heißt, du musst eine Beschreibung und Erläuterung des Textinhalts geben sowie die sprachlichen Mittel aufschlüsseln, die der Verfasser eingesetzt hat, um bestimmte Wirkungen zu erzielen. Gewöhnlich wird auch noch eine kritische Stellungnahme zu den im Text vorgetragenen Gedanken von dir erwartet. (In bestimmten Zusammenhängen kommen auch noch eine Einordnung des Textes in den Werkzusammenhang des jeweiligen Schriftstellers bzw. die Zuordnung zu einer bestimmten Epoche dazu.)

In jedem Fall musst du in deiner Interpretation den Nachweis führen, dass du die zentrale Themenstellung, um die es dem Verfasser geht, verstanden, die angesprochenen Probleme erfasst und dich kritisch mit den Gedanken und Wertvorstellungen, die der Text enthält, beschäftigt hast. Außerdem sollst du zeigen, dass du die Textstruktur durchschaut und alle strukturbildenden Elemente erkannt hast und benennen kannst.

Eine Interpretation verlangt weiterhin von dir eine Beschäftigung mit der Verfasserintention sowie eine Auseinandersetzung mit dem Dargestellten im Sinne eines Aufzeigens, welche Zusammenhänge zwischen Inhalt und Aussage des Textes und deinen eigenen Erfahrungen und Vorstellungen bestehen.

Neben der inhaltlichen Beschäftigung mit dem Text geht es bei der Textanalyse immer auch um eine Auseinandersetzung mit der sprachlichen Seite des Textes, d. h. mit der Art der Textgestaltung, wie sie der Verfasser vorgenommen hat, um seinen Text möglichst wirkungsvoll zu präsentieren. Dabei kommt es für dich darauf an, Inhalt und Form des Textes in ihrer Wechselbeziehung folgerichtig zu beschreiben und die Funktion der einzelnen sprachlichen Mittel zu beleuchten und zu kommentieren.

Selbstverständlich darfst du dabei nicht einfach ins Blaue hineinschreiben! Du musst deine Beobachtungen an ausgewählten Textstellen belegen, die Teilergebnisse deiner Untersuchung zweckmäßig anordnen und sinnvoll miteinander verknüpfen, sodass ein in sich geschlossenes Ganzes, eben die Textinterpretation, entsteht.

Kurz: Bei einer Interpretation eines fiktionalen Prosatextes geht es – ähnlich wie auch bei einer Gedichtinterpretation (vgl. S. 51 ff.) um die Erklärung der inhaltlichen und sprachlichen Merkmale des Textes in Hinblick auf die Erstellung einer Gesamtdeutung. Deine Aufgabe ist erfüllt, wenn du die von dir gefundenen Einzelergebnisse, wie z. B. die Erklärung der formalen Elemente oder der vom Verfasser eingesetzten sprachlichen Mittel, zu einem Singganzen zusammenfügen kannst.

Textinterpretation: Was ist zu tun?

Wie auch bei der Gedichtinterpretation wirst du im Aufgabenbereich „Textinterpretation“ gelegentlich mit einer nicht näher differenzierten Aufgabenstellung konfrontiert:

Interpretieren Sie diesen Text.

Oder:

Geben/Erstellen Sie eine Interpretation dieses Textes.

Manchmal wird aber auch eine gezielte Fragestellung vorgegeben, doch in jedem Fall wird von dir erwartet, dass du dir selber einen Arbeitsplan zurechtlegen und ihn durchführen kannst.

Dabei solltest du dir immer vor Augen halten, dass es deine Aufgabe sein wird, die sprachliche Gestalt des Textes mit seinem Inhalt, das heißt mit der vom Verfasser beabsichtigten Wirkung und der von ihm geplanten Aussage des Textes in Beziehung zu setzen.

Also: Es kommt darauf an, die beiden Bereiche Form und Inhalt in ihrer gegenseitigen Wechselwirkung zu erhellen und dann zu den im Text vorgetragenen Gedanken Stellung zu beziehen.

Fünf Arbeitsschritte

Wie beim Anfertigen einer Gedichtinterpretation hat sich gezeigt, dass man richtig liegt und ausgezeichnete Ergebnisse erzielen kann, wenn man den zu interpretierenden Text nach einem bestimmten Verfahren Schritt für Schritt durchgeht und die jeweiligen Ergebnisse notiert. Dadurch ergibt sich allmählich ein Gesamteindruck, der eine in sich folgerichtige Interpretation des Textes ermöglicht.

Die auf den folgenden Seiten genau erläuterte Vorgehensweise – die Interpretation einer Textvorlage (für die Zentrale Klassenarbeit oder für andere Prüfungssituationen) in einer Reihe von fünf Arbeitsschritten – hat sich vielfach bewährt.

1. Schritt: Feststellung und Markierung aller Auffälligkeiten im Text

Es empfiehlt sich dringend, den Wortlaut des zu untersuchenden Textes genau zu prüfen und alle Auffälligkeiten nicht nur in Gedanken festzuhalten, sondern auch optisch zu markieren, wie in folgendem Beispiel.

Paul Watzlawick (geb. 1921)
Die Geschichte mit dem Hammer

Ein Mann will ein Bild aufhängen. Den Nagel hat er, nicht aber den Hammer. Der Nachbar hat einen. Also beschließt unser Mann hinüberzugehen und ihn auszuborgen. Doch da kommt ihm ein Zweifel: Was, wenn der Nachbar mir den Hammer nicht leihen will? Gestern schon grüßte er mich nur so flüchtig. Vielleicht war er in Eile. Aber vielleicht war die Eile nur vorgeschützt, und er hat etwas gegen mich. Und was? Ich habe ihm nichts angetan; der bildet sich da etwas ein. Wenn jemand von mir ein Werkzeug borgen wollte, *ich* gäbe es ihm sofort. Und warum er nicht? Wie kann man einem Mitmenschen einen so einfachen Gefallen abschlagen? Leute wie dieser Kerl vergiften einem das Leben. Und dann bildet er sich noch ein, ich sei auf ihn angewiesen. Bloß weil er einen Hammer hat. Jetzt reicht's mir wirklich. Und so stürmt er hinüber, läutet, der Nachbar öffnet, doch bevor er »Guten Tag« sagen kann, schreit ihn unser Mann an: »Behalten Sie sich Ihren Hammer, Sie Rüpel!«

Jedermann?
Erzähler
Innerer Monolog
- auktoriale Erzählweise
- Szenische Gestaltung
Ellipse
Ell.
Umg-sprache
Ell
U-Spr
U-Spr

▶ *Erstellen Sie eine Interpretation dieses Textes.*

Durch die Markierung des Textes wird der Blick bei allen nachfolgenden Arbeitsschritten notwendigerweise auf solche Auffälligkeiten im Text gelenkt, wobei natürlich jeder Text seine ganz individuellen Auffälligkeiten hat.

Nicht alle Texte lassen sich nach genau demselben Verfahren analysieren und interpretieren, besonders dann nicht, wenn es sich um „gute" Literatur handelt, denn gerade Texte, die dazu zu zählen sind, laufen nicht nach Schema F ab.

Welche der in den folgenden Arbeitsschritten genannten Punkte für deine Interpretation in Frage kommen, ist somit ausschließlich von dem Text abhängig, der interpretiert werden soll. Aber keine Angst: Alle Texte, mit denen du konfrontiert werden wirst, sind mit den Kriterien, die wir dir an die Hand geben, ohne weiteres zu bewältigen!

2. Schritt: Erfassung des Inhalts des Textes und vorläufige Deutung

Am besten lässt sich Inhaltliches erfassen, wenn man quasi die Ideen des Verfassers nach-denkt, den zu untersuchenden Text in verschiedene Abschnitte einteilt (wie bei Inhaltsangaben) und sich dabei über den Aufbau des Textes klar wird. Es empfiehlt sich, die einzelnen Abschnitte mit stichpunktartigen Kurzbezeichnungen zu versehen, wie in dem markierten Textbeispiel.

Hilfsfragen dafür können sein:

- **Welche Textform liegt vor?** Geschichte, Anekdote, Kurzgeschichte, Schwank, Märchen, Fabel, Gleichnis, Witz u. Ä.?

  Hier: *Geschichte*

- **Welche Person(en) steht/stehen im Mittelpunkt?**

  Hier: *Ein Mann – offenbar eine Jedermannfigur*

- **Was erfahren wir über sie?**

  Hier: *„Der Mann" hat Zweifel bezüglich des Nachbarn, misstraut ihm; steigert sich immer weiter in sein Misstrauen und seinen Argwohn hinein.*

- **Welche Beziehung zwischen den Personen lässt sich feststellen?**

  Hier: *Es kommt überhaupt nicht zu einer Beziehung – der Mann beschimpft seinen Nachbarn, bevor der überhaupt etwas sagen kann.*

- **Gibt es einen Punkt, der eindeutig im Mittelpunkt steht?**

  Hier: *Die Eskalation der misstrauischen und schließlich feindseligen Einstellung des Mannes*

- **Wann und wo spielt die Handlung? Ist das wohl von Bedeutung?**

  Hier: *Geschichte könnte überall spielen – unterstreicht die Allgemeingültigkeit der Darstellung.*

- **Geht es primär um äußere Handlung oder eher um innere Handlung? Wie ist die Beziehung von äußerer und innerer Handlung?**

  Hier: *Innere Handlung überwiegt bei weitem; äußere Handlung (das Vorhaben, ein Bild aufzuhängen; Hinüberstürmen zum Nachbarn und ihn anschreien) nur als Auslöser für innere Handlung*

Da Deutung und Analyse voneinander abhängig sind, lohnt es sich, nach einem ersten Lesen des Textes in dem eben skizzierten Sinn eine vorläufige Interpretation in knapper Form zu notieren.

Hier z. B.: *Unbegründetes Misstrauen der Menschen gegenüber anderen; indirekte Aufforderung zur Überwindung einer solchen Haltung durch bessere Kommunikation*

Eine solche vorläufige Deutung kann die weitere Arbeit positiv beeinflussen, weil sich nämlich die weiteren zu untersuchenden Elemente zielsicherer betrachten lassen.

3. Schritt: Systematische Untersuchung der formalen Elemente des Textes

Vorbemerkung:

Auch bei der Textinterpretation wirst du ohne gewisse Grundkenntnisse auf dem Gebiet der Stilfiguren, d. h. der vom Verfasser eingesetzten sprachlichen Darstellungsmittel, nicht auskommen können. Lies deshalb im Bedarfsfall die Zusammenstellung der gängigsten Stilmittel im Anhang durch bzw. schlage dort nach, wenn du dich irgendwo unsicher fühlst oder nach einem bestimmten Begriff suchst.

■ Allgemeine Untersuchung der Sprache

● Klang und Laut:

- Setzt der Verfasser lautmalerische Elemente ein und wozu?
- Werden Alliterationen gezielt verwendet und an welchen Stellen?

Hier: *Ohne Bedeutung*

● Wortschatz:

- Werden bestimmte Wortarten bevorzugt (z. B. Verbal-, Nominalstil)?

Hier: *Nichts Auffälliges*

- Gehören diese Wörter einem bestimmten Wortfeld oder einer Wortfamilie an (z. B. Verben der Bewegung, Adjektive aus dem Bereich der Sinneswahrnehmung, konkrete oder abstrakte Nomen)?

Hier: *Hauptsächlich konkrete Begriffe (einen Nagel mit einem Hammer einzuschlagen ist ja auch eine ganz konkrete Tätigkeit)*

- Aus welchem sprachlichen Bereich (aus welcher Stilebene) stammen die verwendeten Begriffe (z. B. Fremdwörter, Umgangssprache, Hochsprache, Dialekt, Slang, Fachsprache)?

Hier:
Umgangssprachlicher Wortschatz – wirkt als Mittel der Wiedergabe der Gedanken des Mannes sehr lebensnah und glaubhaft (z. B. „Kerl", „jetzt reicht's mir" u. Ä. m.)

- Ist an der Wortwahl sonst noch etwas auffällig, z. B. mögliche Diskrepanz zwischen dargestelltem Inhalt und gewählter Wortschatzebene, etwa zur Schaffung ironischer Distanz? (Hierbei kommt es natürlich hauptsächlich auf die Wörter an, die sinntragende oder stimmungstragende Bedeutung haben.)

Hier: *Keine besonderen Auffälligkeiten*

- Welche Wirkung ergibt sich durch den Einsatz dieser Mittel?

Hier: *Text wirkt sehr lebensnah und überzeugend*

● Satzbau:

- Welche Satzformen (z. B. Aussagesätze), welche Satzbauformen (z. B. Parataxe = Reihung von Hauptsätzen), welche Arten der

Satzverknüpfung (z. B. reihendes „und“ oder hauptsächlich Gliedsätze) lassen sich feststellen?

Hier: *Häufig Satzanschluss mit „und“ – um die praktisch übergangslose Folge der einzelnen Gedanken(sprünge) des Mannes zu verketten*

- Liegen Inversionen oder andere ungewöhnliche Satzkonstruktionen vor (z. B. kurze, abgehackte Sätze, elliptische Formen, verschachtelte Konstruktionen u. Ä. m.)?
- Wie wirken diese Elemente im Zusammenhang des Textes?

Hier: *Kurze, fast abgehackt wirkende Sätze (parallel zu den Gedankensprüngen des Mannes); zahlreiche Fragen, die die Verunsicherung des Mannes zeigen; elliptische Sätze suggerieren vielleicht, dass der Mann nicht alles wirklich zu Ende denkt.*

■ **Untersuchung des Aufbaus** (der Textkomposition)

● **Äußerer und innerer Aufbau:**

- Welchen äußeren Aufbau (Einteilung in bestimmte Absätze) und welchen inneren, gedanklichen Aufbau weist der Text auf? Welches Aufbauprinzip wird angewendet?
  - linear (chronologisch reihend)
  - dialektisch (These, Antithese, Synthese)
  - argumentativ (reihend, fordernd, Schlüsse ziehend)

Hier: *Lineare Entwicklung*

- Entsprechen sich äußerer und innerer Aufbau?

Hier: *Ja, sie bedingen sich gegenseitig.*

- Lässt sich eine Spannungskurve feststellen?

Hier: *Durchaus – von einem leichten Zweifel zu Beginn zieht sich eine Spannungskurve bis an das fast gewalttätige Ende hin, das auch den Höhepunkt darstellt. Der Leser wird in diese Spannungskurve mit hineingezogen.*

- Wie steht es mit dem Anfang und dem Schluss des Textes? Liegen ein unvermittelter Beginn und ein abrupter Schluss vor?
- Was wird mit dieser Art des Textaufbaus bezweckt?

Hier: *Durch unvermittelten Beginn und abrupten Schluss wird eine knappe Situationsskizze nach Art einer Blitzlichtaufnahme gegeben; Vorgeschichte und Folgen werden dadurch bewusst ausgeklammert.*

- **Einschnitte im Textaufbau:**

  - Wechsel des Bildbereichs?
    - konkrete ↔ abstrakte Bilder
    - allgemeine ↔ besondere Bilder

  Hier: *Trifft nicht zu.*

  - Einschnitte durch Perspektiven- oder Themawechsel?

  Hier: *Dreiteilung des Textes erzielt durch Wechsel in der Erzählperspektive*

■ Untersuchung der Stilfiguren

- Liegen Wiederholungen vor und was wird wiederholt (z. B. zentrale Begriffe)? Was wird dadurch erreicht?

Hier: *Naturgemäß der Begriff „Hammer", aber auch „Eile" sowie das reihende „und"; dadurch wird der Zusammenhalt des Textes gestärkt, die einzelnen Schritte werden wirkungsvoll miteinander verknüpft.*

- Hat der Verfasser Stilfiguren (welche?) sowie Bildersprache (Metaphern und Symbole wofür bzw. an welchen Stellen) eingesetzt?
- Welche Assoziationen werden geweckt und welchen Stimmungsgehalt haben sie?

Hier: *Ellipsen (z. B. „Und warum er nicht?" oder „Bloß weil er einen Hammer hat.") verstärken den Eindruck der Zerrissenheit der Gedanken des Mannes. Der fehlende Hammer ist vermutlich nicht nur als Werkzeug zu sehen, sondern steht für alle Situationen, in denen Menschen auf die Hilfe anderer angewiesen sind.*

- Wie wirken rhetorische Figuren und Sprachbilder (z. B. verstärkend oder verfremdend)?
- Welche Wirkung soll erzielt werden?

Hier: *Die Ellipsen unterstreichen wirkungsvoll die nicht zu Ende geführten Gedanken des Mannes: Er bleibt bei sehr vorläufigen Eindrücken stehen.*

■ Vermittlung des Textes

- **Erzählperspektive:**

  - Welche Erzählperspektive hat der Verfasser gewählt? (z. B. einen allwissenden Erzähler)?

Hier: *Erzählperspektive wechselt zweimal: von einer quasi olympischen Perspektive zu innerem Monolog und von dort zurück*

- **Erzählsituation/Erzählhaltung:**

– Welche Erzählsituation/Erzählhaltung ist gegeben (auktorial, Ich-Erzählsituation oder personale Erzählsituation)?
– Wie wirkt sich das auf die Distanz des Lesers zum Text aus?

Hier: *Wechsel zwischen auktorialer und personaler Erzählsituation bewirkt unterschiedliche Distanz des Lesers zum Text: Im Mittelteil, beim inneren Monolog des Mannes, nimmt der Leser gewissermaßen direkt Anteil an der Eskalation des Misstrauens; vor allem im Schlussteil wird er wieder auf Distanz zu dem Mann gesetzt, damit er dessen Verhalten als noch lächerlicher empfindet als er das ohnehin schon tun würde.*

- Erzählweise:

– Welche Erzählweise liegt (primär) vor, z. B. innerer Monolog, direkte oder erlebte Rede oder Erzählerbericht?

Hier: *Innerer Monolog. Der Wechsel zwischen Er- und Ich-Perspektive wird dadurch besonders deutlich.*

– Wie ist das Verhältnis von erzählendem Bericht und szenischer Darstellung der Geschehnisse zu bestimmen?

Hier: *Nur am Anfang und Schluss erzählend; dazwischen innerer Monolog*

– Welche Zeitstufe (z. B. Präsens) wird verwendet? Kommt es zu einem Wechsel der Zeitstufe?

Hier: *Das erzählerische Präsens erzeugt unmittelbare Gegenwärtigkeit.*

– Welche Funktion haben alle diese Elemente?

Hier: *Sie sollen die Wirkung des Textes auf den Leser erhöhen: Er soll unmittelbar an der inneren Handlung teilnehmen, d. h. die Gedankenwelt des Mannes miterleben können. Gleichzeitig wird er aber auf Distanz gehalten, sodass er sich nicht die Perspektive des Mannes zu Eigen machen kann, sondern eigentlich immer mehr Abstand zu ihm gewinnt.*

■ **Haltung und Ton:**

– Welche Haltung wird eingenommen (z. B. lehrhaft oder unterhaltend)?
– In welchem Ton ist es gehalten (ironisch oder sachlich-distanziert)?

Hier: *Der Erzähler hält sich vollkommen zurück und lässt die Geschichte für sich sprechen. Der Leser wird allerdings auf Distanz gehalten.*

- **Leserkreis und Verfasserintention:**

  – An welchen Leserkreis richtet sich der Text und welche Wirkung soll erzielt werden?

  Hier: *Der Text berichtet von einer Art Jedermannfigur („Ein Mann") und richtet sich auch an jedermann.*

  – Sind gegebenenfalls autor- und/oder epochentypische Merkmale festzustellen?

  Hier: *Keine besonderen Auffälligkeiten*

4. Schritt: Gesamtdeutung

Alle festgestellten sprachlichen Mittel sollten abschließend noch einmal daraufhin betrachtet werden, welche von ihnen wohl von besonderer Wichtigkeit (= dominant) sind und ob bzw. inwieweit sie in Hinblick auf die Mitteilungsabsicht (Intention) des Autors ihre Funktion erfüllen, d. h. beim Leser die gewünschte Wirkung erzielen.

- **Die Einzelelemente**

  – Welche der festgestellten Einzelelemente sind anderen gegenüber dominant, welche erscheinen untergeordnet und relativ unwichtig?

  Hier: *Dominant scheinen der Wechsel der Erzählperspektive (wichtig für den dreiteiligen Aufbau), die kurzen, abgehackten Sätze (mit Ellipsen) sowie das umgangssprachliche Element.*

Die entscheidende Frage lautet immer:
Warum hat der Verfasser gerade diese und keine anderen Elemente gewählt, das heißt, welche Funktion haben diese Einzelelemente jeweils?

Hier: *Sie sollen die Situation des Mannes verdeutlichen, der in seiner Isolation und deren Folgen dargestellt werden soll.*

■ Form und Inhalt

- Inwieweit lässt sich eine gegenseitige Abhängigkeit von Form und Inhalt feststellen?

Hier: *Form und Inhalt wirken eng aufeinander bezogen.*

- Inwiefern ist die Form des Textes für seinen Gehalt, seine Aussage wichtig?

Hier: *Gerade die kurze, nur jeweils knapp andeutende Darstellungsweise verleiht dem Text seine besondere Prägnanz und bewirkt eine große Dichte des Textgehalts.*

- Gibt es Diskrepanzen und welche Bedeutung haben sie für die Wirkung des Gedichts?

Hier: *Entfällt*

■ Vorläufige und endgültige Deutung

- Muss die vorläufige Deutung angesichts der festgestellten Einzelergebnisse ergänzt oder revidiert bzw. ganz aufgegeben werden oder kann sie bleiben?

Hier: *Eine Revision des ursprünglichen Eindrucks ist wohl kaum nötig.*

- Welche Gesamtdeutung, d. h. welche abschließende, alle Aspekte der Untersuchung und ihrer Ergebnisse berücksichtigende Interpretation ergibt sich nun?

Hier: *Es geht um den Problemkreis Isolation und die daraus resultierenden Kommunikationsschwierigkeiten der Menschen und deren Unfähigkeit, konstruktiv miteinander umzugehen.*

5. Schritt: Formulierung der Ergebnisse

Nach Durchführung der angesprochenen Einzelschritte kommt es nun darauf an, die Einzelergebnisse umzusetzen, d. h. zu ordnen, aufeinander abzustimmen und schließlich in einem Aufsatz darzulegen.

Du solltest allerdings vor der schriftlichen Fixierung deiner Untersuchungsergebnisse

- eine Grobgliederung deines Aufsatzes erstellen, um die Einzelergebnisse in eine sinnvolle Ordnung zu bringen,
- eine treffende Einleitung entwerfen
- und dir einen geeigneten Schluss überlegen.

■ Gliederung

Für die „Geschichte mit dem Hammer“ könnte die Grobgliederung deines Aufsatzes folgendermaßen aussehen:

1 Thema der Geschichte: Misstrauen gegenüber anderen
2 Wie das Misstrauen des Mannes wächst, wird verdeutlicht durch
  2.1 den Textaufbau
  2.2 die wechselnde Erzählhaltung
  2.3 eine Reihe weiterer sprachlicher Mittel
3 Aussage des Textes: Misstrauen gegenüber anderen führt zu nichts Gutem

■ Einleitung

Für die Gestaltung der **Einleitung** bieten sich verschiedene Möglichkeiten an:

1. Möglichkeit:

Schon beim ersten Lesen von Paul Watzlawicks „Geschichte mit dem Hammer“ ist man verblüfft und erschüttert von der Entwicklung, die die Gedanken des „Mannes“ nehmen. Man fühlt sich nach der ersten Lektüre direkt gedrängt, den Text noch einmal genauer durchzugehen, um besser erkennen zu können, wie der Autor es verstanden hat, mit ganz knappen Mitteln diese Entwicklung so glaubhaft zu verdeutlichen.

⇨ Einstieg mit dem ersten Eindruck
⇨ Überleitung zum Hauptteil durch Hinweis auf die nun folgende Untersuchung der sprachlichen Mittel

2. Möglichkeit:

In Paul Watzlawicks „Geschichte mit dem Hammer“ wird uns ein Mann vor Augen geführt, der sich eigentlich nur einen Hammer von seinem Nachbarn ausleihen will, dabei aber immer stärkere Zweifel hinsichtlich dessen Einstellung ihm gegenüber entwickelt, bis er schließlich einen Punkt erreicht, an dem er gar keinen Versuch mehr macht, sich den Hammer auszuleihen, sondern stattdessen den nichts ahnenden Nachbarn nur noch lautstark beschimpfen kann. Wie es zu dieser Eskalation kommen konnte, kann erst eine genaue Analyse des Textes zeigen.

➪ Einstieg mit Inhaltsangabe
➪ Überleitung zum Hauptteil durch Hinweis auf die sich anschließende Analyse des Textes

3. Möglichkeit:

Paul Watzlawick beschäftigt sich in seiner „Geschichte mit dem Hammer" mit einem Problem, das besonders in der heutigen Zeit aktuell ist: das (unbegründete) Misstrauen der Menschen gegenüber anderen – seien es Ausländer oder auch nur Nachbarn – und die Unfähigkeit, offen aufeinander zuzugehen und miteinander zu reden, um eben dieses Misstrauen aus der Welt zu räumen. Auf kürzestem Raum gelingt ihm der Nachweis, dass ein vernünftiges menschliches Miteinander erst durch einen Abbau von Misstrauen und Vorurteilen möglich werden kann.

➪ Einstieg mit Angabe des Themas
➪ Überleitung zum Hauptteil durch Hinweis auf die sich abzeichnende Deutung des Textes

■ Schluss

Für die Gestaltung des **Schlussabschnittes** gibt es ähnliche Möglichkeiten:

1. Möglichkeit

So hat es Watzlawick in seiner „Geschichte mit dem Hammer" auf beeindruckende Weise verstanden, dem Leser die schädliche Wirkung von Vorurteil und Misstrauen vor Augen zu führen und ihn damit zumindest zum Nachdenken auch über sein eigenes Verhalten zu bewegen.

➪ Text werten

2. Möglichkeit

Watzlawick hat hier auf ein Problem aufmerksam gemacht, das gerade in unserer Gesellschaft von beängstigender Aktualität ist: Vielen Spätaussiedlern, Gastarbeitern und insbesondere Asylbewerbern begegnet ein erheblicher Teil der Gesellschaft mit so viel Misstrauen und Vorurteilen, dass eine vernünftige Eingliederung dieses Personenkreises fast unmöglich wird.

Hier täte Umdenken Not. Watzlawicks Geschichte kann einen Beitrag dazu leisten.

➪ Gegenwartsbezug herstellen

3. Möglichkeit

Insgesamt gesehen stellt Watzlawicks „Geschichte mit dem Hammer" eine indirekte Anklage an viele von uns dar, die wir oft gedankenlos unseren Mitmenschen in verletzender Weise gegenübertreten, weil wir nicht den Mut haben, offen auf sie zuzugehen und ihnen jenes notwendige Minimum an Freundlichkeit und Vertrauen entgegenzubringen, ohne das menschliches Miteinander einfach nicht gelingen kann. So stellt die Geschichte einen Appell an uns alle dar, unser eigenes Verhalten kritisch zu hinterfragen und uns gegebenenfalls um Änderung zu bemühen.

➪ Persönliches Betroffensein signalisieren

Selbstverständlich können diese Möglichkeiten auch kombiniert werden.

■ Vertextung der gefundenen Ergebnisse

Die gewonnenen Ergebnisse sind nun in einem zusammenhängenden Text zu formulieren. Die gefundenen Elemente sind am Text zu belegen

1. durch Zitate
   - wörtliche Wiedergabe von Textstellen in Anführungsstrichen,
   - direkt dahinter Zeilenangabe in Klammern (z. B.: Z. 14).
2. durch Textverweise,
   - d. h. entweder durch referierende Wiedergabe der Textstelle
   - oder durch indirekte Rede.
   - Jeweils anschließend in Klammern: Zeilenangabe zum Vergleich (z. B.: vgl. Z. 14–16)

Checkliste

1. Markierung des Textes

- ✔ Text genau durchlesen
- ✔ Auffälliges optisch hervorheben

2. Erfassung des Inhalts und vorläufige Deutung

- ✔ Gedanken des Verfassers nach-denken
- ✔ Text in verschiedene Abschnitte einteilen
- ✔ Vorläufige Deutung versuchen

3. Untersuchung der formalen Elemente des Textes

- ✔ Sprache:
  - Klang und Laut
  - Wortschatz
  - Satzbau
  - Form
- ✔ Aufbau/Textkomposition:
  - Äußerer und innerer Aufbau
  - Einschnitte im Textaufbau
- ✔ Stilfiguren
- ✔ Vermittlung des Textes:
  - Erzählperspektive
  - Erzählsituation/Erzählhaltung
  - Erzählweise

4. Gesamtdeutung

- ✔ Welche Einzelelemente sind dominant?
- ✔ Wie ist die Beziehung zwischen Form und Inhalt?
- ✔ Muss die vorläufige Deutung revidiert werden?

5. Formulierung der Ergebnisse

- ✔ Gliederung erstellen
- ✔ Einleitung und Schluss gestalten
- ✔ Ergebnisse der Analyse in fortlaufendem Text darstellen

Musteraufgabe:
Aufsatzbeispiel X (Kommunikationsproblematik)

Paul Watzlawick (geb. 1921)
Die Geschichte mit dem Hammer

Ein Mann will ein Bild aufhängen. Den Nagel hat er, nicht aber den Hammer. Der Nachbar hat einen. Also beschließt unser Mann, hinüberzugehen und ihn auszuborgen. Doch da kommt ihm ein Zweifel: Was, wenn der Nachbar mir den Hammer nicht leihen will? Gestern schon grüßte er mich nur so flüchtig. Vielleicht war er in Eile. Aber vielleicht war die Eile nur vorgeschützt, und er hat etwas gegen mich. Und was? Ich habe ihm nichts angetan; der bildet sich da etwas ein. Wenn jemand von mir ein Werkzeug borgen wollte, *ich* gäbe es ihm sofort. Und warum er nicht? Wie kann man einem Mitmenschen einen so einfachen Gefallen abschlagen? Leute wie dieser Kerl vergiften einem das Leben. Und dann bildet er sich noch ein, ich sei auf ihn angewiesen. Bloß weil er einen Hammer hat. Jetzt reicht's mir wirklich. – Und so stürmt er hinüber, läutet, der Nachbar öffnet, doch bevor er »Guten Tag« sagen kann, schreit ihn unser Mann an: »Behalten Sie sich Ihren Hammer, Sie Rüpel!«

▶ *Erstellen Sie eine Interpretation dieses Textes.*

Ausführung

Einstieg mit Angabe des Themas

Paul Watzlawick beschäftigt sich in seiner „Geschichte mit dem Hammer" mit einem Problem, das besonders in der heutigen Zeit aktuell ist: das (unbegründete) Misstrauen der Menschen gegenüber anderen – seien es Ausländer oder auch nur Nachbarn – und die Unfähigkeit, offen aufeinander zuzugehen und miteinander zu reden, um eben dieses Misstrauen aus der Welt zu räumen. Dabei gelingt es ihm,

Überleitung zum Hauptteil

durch einen dreiteiligen Aufbau und einen geschickten Wechsel der Erzählhaltung seine Intention auf kleinstem Raum zu verdeutlichen.

Inhaltsangabe

Es geht schlichtweg um Folgendes: Ein Mann benötigt zum Aufhängen eines Bildes einen Hammer. Diesen will er sich von seinem Nachbarn borgen, doch bevor es dazu kommen kann, redet der Mann sich mehr und mehr ein, dass dieser etwas gegen ihn habe, sodass er schließlich voller Zorn zu dem ahnungslosen Nachbarn hinüberstürmt, ihn anschreit und beschimpft.

Aufbau

Die Steigerung in der Einstellung des Mannes seinem Nachbarn gegenüber spiegelt sich im Aufbau des Textes wider: Während er bis zur Mitte von Z. 3 noch ohne Vorbehalte entschlossen ist, sich den Hammer von seinem Nachbarn einfach auszuborgen, „kommt ihm“ ab Z. 4 bereits „ein Zweifel“: Er erinnert sich an eine Situation, in der ihn neulich der Nachbar nur beiläufig grüßte und fängt dann an, diese belanglose Szene in ihrer Bedeutung aufzubauschen, bis er schließlich zu dem „Schluss“ kommt, der Nachbar müsse ihm feindlich gesinnt sein. (Eine andere Überlegung – dass der Nachbar in Eile gewesen sein könnte und ihn vielleicht deshalb kaum beachtet hat – verwirft er dagegen sofort.) Ab Z. 9 lenkt der Mann den Blick verstärkt auf sein eigenes Verhalten: Er selber könnte niemals einem Mitmenschen eine Bitte abschlagen! Dabei lässt er völlig außer Acht, dass er die Reaktion seines Nachbarn ja noch gar nicht erfahren hat. Er rechnet ganz einfach nicht mit dessen Hilfsbereitschaft, fürchtet sich wohl auch vor Zurückweisung und erkennt nicht, dass er sich in sein Misstrauen hineinsteigert und dann sogar behauptet, dass der Nachbar derjenige sei, der sich „etwas einbilde(t)“ (Z. 9, 14 f.). Ab Z. 12 verwandelt sich sein Misstrauen endgültig in hasserfüllten Ärger: Er unterstellt dem Nachbarn in Gedanken, dass dieser – allein durch den Besitz des Hammers – seine „Vormachtstellung“ ausnütze („dann bildet er sich noch ein, ich sei auf ihn angewiesen“, Z. 13 f.). Völlig gefangen in seinem vorgefertigten Bild vom „bösen Nachbarn“ klingelt er an dessen Tür und beschimpft ihn lautstark als „Rüpel“ (Z. 18), sobald er öffnet. Dass der erschrockene Nachbar nicht im Geringsten weiß, wie ihm geschieht, entgeht dem Mann. Die Eskalation des Vorurteils hat ihren Höhepunkt erreicht.

Aufbau: Zusammenfassung

So lässt sich der Text in fünf Abschnitte gliedern: In Teil 1 (Z. 1–3) ist der Mann noch frei von Misstrauen. Teil 2 (Z. 4–9) beschreibt die zunächst noch vagen Zweifel des Mannes. In Teil 3 (Z. 10–12) betont er seine eigene Hilfsbereitschaft. Im vierten Abschnitt (Z. 12–15) hat der Mann sich so weit in sein grundloses Misstrauen hineingesteigert, dass es schließlich im fünften Abschnitt (Z. 15–18) zum Eklat mit dem Nachbarn kommt.

Doch diese Entwicklung wird nicht nur durch den Aufbau, sondern auch durch die Entwicklung der Erzählhaltung deutlich. Den ersten Teil gestaltet der Erzähler aus der „olympischen" Perspektive: Er gibt sich als allwissender Erzähler, der auch den Leser mit einbezieht, als er von „unser(em) Mann" (Z. 3) spricht. Doch bereits ab Z. 4 wechselt die Erzählweise in einen inneren Monolog: Zahlreiche Fragen schießen dem Mann durch den Kopf, er greift eine bereits vergangene Situation (das flüchtige Grüßen) in Gedanken noch einmal auf, „analysiert" sie in äußerst einseitiger Weise und formt sich so die Grundlage für seine sich immer mehr verhärtende Einstellung. Es hat den Anschein, als ob der Mann ein Selbstgespräch führe und sich unbeirrt in seine Meinung verbeiße, der Nachbar habe etwas gegen ihn. In Z. 15 (auch deutlich gekennzeichnet durch einen Spiegelstrich) wird die Erzählhaltung wieder auktorial. („Und so stürmt er …"), bevor die Geschichte mit direkter Rede (szenische Gestaltung) abgeschlossen wird (Z. 17 f.).

Erzählhaltung:

Perspektivenwechsel

Durch den Einsatz dieser wechselnden Erzählhaltung erreicht der Autor, dass der Leser unmittelbar an den Gedanken des Mannes teilhaben und jenen inneren Prozess der Eskalation eines Vorurteils mitverfolgen kann, der am Schluss zur „Katastrophe" führt.

Wirkung der wechselnden Erzählhaltung

Paul Watzlawick gelingt es hier in bemerkenswerter Weise, eine Diskrepanz herzustellen zwischen dem, was dem Leser mitgeteilt wird und dem, wie er das Gelesene empfindet bzw. empfinden muss. Dadurch nämlich, dass man die Gedanken des Mannes genau kennt, wird man einerseits unwillkürlich auf dessen Seite „gezogen". Die Entwicklung seiner Einstellung und seines Verhaltens erscheint andererseits jedoch gleichzeitig derart absurd, sodass man sich davon zwangsläufig wieder distanziert.

Verfasserintention

Zur Unterstützung seiner Absicht, Vorurteile in ihrer Absurdität vorzuführen, setzt der Verfasser verschiedene sprachliche Mittel ein. Dabei fallen zunächst die zahlreichen, teilweise elliptisch angelegten Fragen auf, die der Mann sich vorlegt, wie z. B. „Und warum er nicht?" (Z. 10 f.). Sie bewirken, dass sich der Leser in den Gedankengang des Mannes hineinversetzen kann. Gleichzeitig fordern sie ihn aber auch dazu auf, eigene Antworten auf diese Fragen zu geben und somit das verkrampfte und misstrauische Verhalten des Mannes ad absurdum zu führen. Umgangssprachliche Ausdrücke

sprachliche Mittel:

elliptische Fragen

umgangsspr. Ausdrücke

wie „Kerl“ (Z. 13), „Jetzt reicht’s mir wirklich“ (Z. 15), „Sie Rüpel“ (Z. 18) lassen das Geschehen wie eine Alltagssituation erscheinen. Auch durch die unpersönliche Bezeichnung „ein Mann“ und durch den unmittelbaren Beginn der Geschichte kann deutlich werden: Hier handelt es sich nicht um einen völlig aus der Luft gegriffenen Einzelfall; sondern überall dort, wo Menschen sich in ihrem Misstrauen vergraben und nicht mehr an die Freundlichkeit der anderen glauben, wo sie sich also von unbegründeten Vorurteilen leiten lassen, können gefährlich explosive Situationen entstehen.

Gesamtschau und Gesamtinterpretation:

Watzlawick greift hier besonders ein Problem sozial oder auch nur innerlich vereinsamter Menschen auf: In ihrer Isolation entwickeln manche von ihnen eine verbitterte Einstellung anderen Menschen gegenüber, die beispielsweise selbst durch einen unabsichtlich flüchtigen Gruß sofort scheinbar bestätigt und dann eben noch weiter vertieft und verstärkt werden kann. Das Problem liegt in der mangelnden Kommunikation zwischen den Menschen, die aber nur durch den stetigen Abbau von Misstrauen und Vorurteilen erst ermöglicht bzw. verbessert werden könnte. Doch durch ihre eigene ablehnende Haltung anderen gegenüber machen solche Menschen es sich selber noch schwerer als es ohnehin schon ist, offen auf andere zuzugehen oder sich ihnen zu öffnen.

Wertung des Textes

So stellt der Text insgesamt ein beeindruckendes indirektes Plädoyer für ein offeneres, vorurteilsfreieres Umgehen miteinander dar.

Auf den Punkt gebracht: Was ist bei einer Textinterpretation grundsätzlich zu beachten?

❶ **Was ist eine Textinterpretation?**

Es geht um eine Deutung eines fiktionalen Prosatextes durch
- Beschreibung und Erläuterung des Textinhalts
- Aufschlüsselung der vom Autor eingesetzten sprachlichen Mittel
- kritische Stellungnahme zu den Gedanken des Textes

❷ **Ziel:**

Gesamtdeutung auf der Grundlage der Einzelbeobachtungen

❸ **Vorarbeiten:** Es empfiehlt sich,

- Auffälligkeiten aller Art im Text optisch zu markieren,
- den Inhalt mit Hilfsfragen möglichst optimal zu erfassen
- und eine vorläufige Deutung zu versuchen.

❹ **Untersuchung der Einzelelemente:**

Die einzelnen inhaltlichen wie formalen Elemente des Textes sind zu analysieren und in ihrer Funktion zu bestimmen.

❺ **Gesamtdeutung (= Interpretation) und Fixierung der Ergebnisse:**

Welche der von dir analysierten Elemente des Textes sind wohl dominant? Muss die vorläufige Deutung revidiert werden?

Und noch zwei Warnungen:

❶ Du darfst auf keinen Fall lediglich deine Beobachungen mitteilen, sondern musst jeweils versuchen, diese Feststellungen mit den Absichten des Autors in Beziehung zu setzen, also die jeweilige Funktion eines inhaltlichen oder sprachlichen Elements anzugeben!

❷ Die gewonnenen Ergebnisse müssen am Text belegt werden! Das heißt, du darfst nicht einfach „über den Text“ schreiben, sondern musst die jeweilige Zeile angeben bzw. durch ein „vgl.“ auf die betreffenden Zeilen hinweisen, in denen die ensprechenden Informationen zu finden sind!

Textinterpretationsthemen zur Vorbereitung auf die Zentrale Klassenarbeit

Typische Prüfungsthemen

Auf den folgenden Seiten sind eine Reihe von fiktionalen Prosatexten mit den zugehörigen Aufgabenstellungen abgedruckt, die alle den Themenstellungen in der Zentralen Klassenarbeit, wie sie in den letzten Jahren vorgelegt wurden, entsprechen.

Die ersten drei Aufgaben stehen jeweils beispielhaft für bestimmte Interpretationsthemen, wie sie für die Zentrale Klassenarbeit typisch sind:

- Texte über menschliche Kommunikationsprobleme
- Texte zu Problemen menschlichen Zusammenlebens
- Texte über die literarische Welt (im weitesten Sinn)

Den ersten drei Aufgabenstellungen (die jeweils die eben genannten unterschiedlichen Aufgabentypen repräsentieren) sind Lösungsvorschläge beigegeben, die von Schülern deiner Jahrgangsstufe erarbeitet wurden. Sie sollen dir einen Eindruck von den Texten selber vermitteln und natürlich vor allem auch davon, was die einzelnen Übungsaufgaben jeweils „hergeben" und wie man sie bearbeiten könnte. Bei den übrigen Aufgabenvorschlägen bist du dann sozusagen auf dich allein gestellt.

▶ Beschäftige dich mit den nachfolgenden Themen und Beispielaufsätzen möglichst intensiv – am praktischen Beispiel kann man viel lernen! Vor allem solltest du – je nach deinen zeitlichen Möglichkeiten – zu einer oder mehreren Aufgabe(n) probehalber selbst eine Textinterpretation schreiben.

Achte dabei auch darauf, immer einen neuen Absatz zu beginnen, wenn du dich einem neuen Punkt der Darstellung zuwendest!

Aufsatzbeispiel XI: Menschliche Kommunikationsprobleme

Helga M. Novak (geb. 1935)
Schlittenfahren

Das Eigenheim steht in einem Garten. Der Garten ist groß. Durch den Garten fließt ein Bach. Im Garten stehen zwei Kinder. Das eine der Kinder kann noch nicht sprechen. Das andere Kind ist größer. Sie sitzen auf einem Schlitten. Das kleinere Kind weint. Das größere sagt, gib den Schlitten her. Das kleinere weint. Es schreit.

Aus dem Haus tritt ein Mann. Er sagt, wer brüllt, kommt rein. Er geht in das Haus zurück. Die Tür fällt hinter ihm zu.

Das kleinere Kind schreit.

Der Mann erscheint wieder in der Haustür. Er sagt, komm rein. Na wird's bald. Du kommst rein. Nix. Wer brüllt, kommt rein.

Komm rein.

Der Mann geht hinein. Die Tür klappt.

Das kleinere Kind hält die Schnur des Schlittens fest. Es schluchzt.

Der Mann öffnet die Haustür. Er sagt, du darfst Schlitten fahren, aber nicht brüllen. Wer brüllt, kommt rein. Ja. Ja. Jaaa. Schluss jetzt.

Das größere Kind sagt, Andreas will immer allein fahren.

Der Mann sagt, wer brüllt kommt rein. Ob er nun Andreas heißt oder sonstwie.

Er macht die Tür zu.

Das größere Kind nimmt dem kleineren den Schlitten weg.

Das kleinere Kind schluchzt, quietscht, jault, quengelt.

Der Mann tritt aus dem Haus. Das größere Kind gibt dem kleineren den Schlitten zurück. Das kleinere Kind setzt sich auf den Schlitten. Es rodelt.

Der Mann sieht in den Himmel. Der Himmel ist blau. Die Sonne ist groß und rot. Es ist kalt.

Der Mann pfeift laut. Er geht wieder ins Haus zurück. Er macht die Tür hinter sich zu.

Das größere Kind ruft, Vati, Vati, Vati, Andreas gibt den Schlitten nicht mehr her.

Die Haustür geht auf. Der Mann steckt den Kopf heraus. Er sagt, wer brüllt, kommt rein. Die Tür geht zu.

Das größere Kind ruft, Vati, Vativativati, Vaaatiii, jetzt ist Andreas in den Bach gefallen.

Die Haustür öffnet sich einen Spalt breit. Eine Männerstimme ruft, wie oft soll ich das noch sagen, wer brüllt, kommt rein.

▶ *Erstellen Sie eine Interpretation dieses Textes.*

Ausführung

Einstieg mit Angabe des Themas

Die Erzählung „Schlittenfahren" von Helga M. Novak behandelt die Schwierigkeiten zwischenmenschlicher Kommunikation am Beispiel eines Vaters und zweier Kinder.

Inhaltsangabe

Zu Beginn wird der Leser in die konkrete Situation eingeführt. Zwei Kinder verschiedenen Alters, wahrscheinlich Brüder, fahren vor dem Haus ihrer Eltern Schlitten (Z. 1–6). Als es zum Streit um den Schlitten kommt (Z. 5–8), tritt der Vater aus dem Haus und ermahnt die Kinder, leise zu sein oder ins Haus zu kommen (Z. 7). Dieselbe Szene wiederholt sich mehrmals. Als sich das ältere Kind schließlich lautstark darüber beschwert, dass der Kleinere, Andreas, den Schlitten nicht mehr hergibt (Z. 34 f.), verlässt der Vater das Haus gar nicht mehr, sondern ruft den Kindern lediglich zu, dass sie hereinkommen müssten, wenn sie nicht still seien (Z. 36 f.). Selbst auf die Äußerung des großen Kindes hin, dass Andreas in den Bach gefallen sei (Z. 38 f.), reagiert der Vater nur mit einer Ermahnung durch die fast geschlossene Tür (Z. 40 f.).

erster Eindruck

Bei einer ersten Inhaltsbetrachtung dieses Textes fällt vor allem die völlige Zusammenhanglosigkeit zwischen den Ankündigungen des Vaters, seinen Handlungen und den Reaktionen der Kinder auf, die als ein Zeichen fehlender sinnvoller Kommunikation gewertet werden müssen.

Aufbau allgemein

Im gedanklichen Aufbau lassen sich feste Zyklen erkennen. Nach einer Einführung in die Situation beginnt der erste mit dem Geschrei der Kinder. Es folgt eine bloße, fraglose Ermahnung des Vaters, die von den Kindern ohne weitere Reaktion hingenommen wird. Einzige Ausnahme in diesem Prozess ist hierbei der Moment, in dem die Kinder auf das Erscheinen des Vaters hin den Schlitten tauschen (Z. 26 f.). Der Erfolg ist jedoch höchst zweifelhaft, da der Streit der Kinder im Folgenden sofort wieder aufflammt, wie in jedem anderen „Zyklus“ (Z. 34 f.).

bezogen auf den Vater

Innerhalb dieser insgesamt sechs Zyklen (Z. 1–8, 9–14, 15–23, 24–33, 34–37, 38–41) wird eine Entwicklung im Verhalten des Vaters deutlich. Tritt er zunächst noch selbst aus dem Haus (z. B. Z. 7, 10), so werden seine Reaktionen zum Ende hin immer geringer („steckt den Kopf heraus“, Z. 36; „Die Haustür öffnet sich einen Spalt breit“, Z. 40), selbst als er erfährt, dass eines der Kinder in einen Bach gefallen und damit wahrscheinlich in Gefahr ist, also Hilfe bräuchte.

bezogen auf die Kinder

Bei den Kindern ist diese Entwicklung beinahe gegenläufig. Sind sie am Anfang der Erzählung noch ohne Interesse am Eingreifen des Vaters (z. B. „Es schneit. Aus dem Haus tritt ein Mann.“, Z. 6 f.), so rufen sie ihn gegen Ende des Textes sogar (z. B. „Vati, Vativativati, Vatiii“, Z.38). Konträr dazu reagiert der Vater, wie oben gezeigt, jedoch immer weniger.

sprachliche Mittel: Erzählperspektive Satzbau

Die sprachliche Gestaltung spielt in diesem Text eine große Rolle. Wir begegnen hier einem auktorialen Erzähler in der dritten Person, der vor allem aufgrund seines völlig sachlichen und objektiven Berichts dem Leser praktisch nicht auffällt. Syntax und Vokabular sind dieser Erzählperspektive angepasst. Der Satzbau besteht entweder aus aneinander gereihten Parataxen (z. B. „Er geht in das Haus zurück. Die Tür fällt hinter ihm zu. Das kleinere Kind schreit.“, Z. 8 f.) oder kurzen wörtlichen Reden, die eine

Ellipsen

Vielzahl von Ellipsen enthalten (z. B. „Er sagt, du darfst Schlitten fahren, aber nicht brüllen. Wer brüllt, kommt rein. Ja. Ja. Jaa. Schluss jetzt.“, Z. 17–19). Die häufigen Wiederholungen im

Wiederholungen

Satzbau (z. B. „Wer brüllt, kommt rein.“, Z. 11 f., 18, 21, 37, 41) tragen ebenfalls dazu bei, den Vater und seine Art der Nichtkommunikation mit den Kindern zu charakterisieren und indirekt zu kritisieren.

Wortwahl

Das Vokabular ist der Alltagssprache entnommen und aufgrund der häufigen Wiederholungen, die sich aus den „Zyklen“ und dem damit verbundenen Satzbau ergeben, stark eingeschränkt. Bestimmte Wörter hindern den Leser daran, wenigstens ein gewisses Maß an zwischenmenschlicher Wärme in dieser Erzählung zu verspüren (z. B. „Mann“ statt „Vater“). Auch kommentierende oder beschreibende Adjektive, die die kühle Distanz des Erzählers zu den Figuren mildern könnte, sind nicht vorhanden. Die einzige Beschreibung der Umwelt ist ebenfalls völlig sachlich („Der Himmel ist blau. Die Sonne ist groß und rot. Es ist kalt.“, Z. 29 f.).

Ergebnis der sprachlichen Analyse

Die Sprache dieses Textes trägt also insgesamt dazu bei, dem Leser die gefährliche Kommunikationslosigkeit zwischen Vater und Kindern besonders augenfällig zu machen.

Gesamtschau und Gesamtinterpretation:

Kommunikationsprobleme

„Kommunikation“ ist wohl der zentrale Begriff, um den sich die Interpretation dieses Textes drehen muss. Trotz vieler wörtlicher Reden in diesem Text kommt es zu keinem einzigen wirklichen Dialog. Der Vater wiederholt mechanisch immer wieder seine starren Floskeln, ohne sich darum zu kümmern, ob er seine Kinder verstanden hat bzw. ob er sie mit seinen Worten erreicht.

Gleichgültigkeit

Diese seinem Verhalten zugrunde liegende Gleichgültigkeit wird durch den Sturz des jüngeren Kindes in den Bach endgültig als solche entlarvt. Anstatt nach dem Kind zu sehen, spult der Vater seine üblichen Sätze ab, ja er verlässt nicht einmal mehr das Haus, weil er gar nicht zur Kenntnis nimmt, was ihm mitgeteilt werden soll.

Bei der Gesamtinterpretation spielt es keine Rolle, ob man diese Erzählung nur auf das Verhältnis zwischen Eltern und Kinder bezieht oder sogar als eine Art Parabel auf das allgemeine zwischenmenschliche Zusammenleben betrachtet.

Verfasserintention

Es geht hier grundsätzlich um eine Kritik an der Gleichgültigkeit gegenüber anderen, die sich in Form einer desinteressierten „Alibi-Kommunikation“ äußert. Man darf vermuten, dass Helga Novak in dieser Erzählung für die Umsetzung ihrer Absicht aus gutem Grund die Eltern-Kleinkind-Beziehung gewählt hat, ist sie doch für die meisten Menschen ein Symbol der „heilen“ Welt.

Wirkung auf den Leser

Die Erschütterung beim Leser wird durch diese Wahl noch verstärkt.

Aufsatzbeispiel XII: Probleme menschlichen Zusammenlebens

Marianne Geib (geb. 1942)
Zeitgenossen

Er war von Anfang an anders gewesen als die Mitglieder seiner Sippe, wer weiß schon zu sagen warum. Obgleich er sich mit allen gut vertrug, einige auch liebte, war er von einem merkwürdigen, ja quälenden Freiheitsdrang und Wissensdurst ergriffen, und die anderen erschienen ihm in ihrer zufriedenen Wunschlosigkeit oft fremd.
Dann starrte er zwischen den Stäben des Käfigs hindurch in die weite Landschaft, die draußen ausgebreitet lag, und träumte davon zu erforschen, was sich jenseits des Horizonts verbarg.
Zu anderen Zeiten wieder unterschied er sich von seinen Artgenossen in keiner Weise: Er fraß genussvoll von den herumliegenden Bananen, spielte mit seinen Geschwistern, ärgerte die Älteren und man hätte ihn für einen ganz normalen, glücklichen Gesellen halten können.
Eines Tages ließ der Wärter die Tür des Käfigs nur für einen kleinen Augenblick offen stehen. Diese Gelegenheit nutzte er unverzüglich und stürmte hinaus. Er lief, wenngleich etwas unbeholfen, denn die lange Gefangenschaft hatte ihn ungeschickt werden lassen, in die Richtung, in die er immer voll Sehnsucht gestarrt hatte, lief – und blieb dann plötzlich stehen, ging langsam bis an die Stäbe des Käfigs zurück und blickte hinein. Seine Familie versah die gewohnten Verrichtungen. Er beobachtete sie; er dachte an das, was nun hinter ihm lag, und an das, was jenseits des Horizonts auf ihn wartete. Und er rührte sich nicht vom Fleck. Die Erregung, mit der er zwischen den Gitterstäben hindurch in den Käfig hineinschaute, war sehr ähnlich der, die er empfunden hatte, als er noch von der anderen Seite her durch die Zwischenräume geblickt hatte. Er dachte daran, wer ihm in Zukunft die Läuse aus dem

Fell suchen sollte, woher er die köstlichen Bananen bekäme, die er so gern fraß, aber vor allem daran, an wessen Körper er sich wärmen sollte, wenn er nachts fror. Und er wurde sehr traurig, als er erkannte, dass nun wieder Gitterstäbe zwischen ihm und dem lagen, was er sich sehnsuchtsvoll wünschte. Sollte sich außer der Blickrichtung also nichts geändert haben? Er rührte sich nicht vom Fleck.

▶ *Erstellen Sie eine Interpretation dieses Textes.*

Ausführung

Einstieg mit Angabe des Themas

Die fabelartige Erzählung „Zeitgenossen" von Marianne Geib projiziert Probleme des menschlichen Zusammenlebens in einen Affenkäfig.

Inhaltsangabe

Zu Beginn wird der Leser abrupt in die psychische Situation des einzigen Affen eingeführt, der sich auffälligerweise für die Vorgänge außerhalb des Käfigs interessiert (Z. 1–9). Im Gegensatz dazu steht sein Alltagsverhalten, das sich in keiner Form von dem der anderen Käfigbewohner unterscheidet (Z. 10–14). Als sich für den Affen durch die Unachtsamkeit eines Wärters die Möglichkeit zur Flucht ergibt, nutzt er sie (Z. 15–20). Dennoch kehrt er schon nach wenigen Schritten wieder zurück, um einen Blick in den Käfig zu werfen, in dem seine Familie dem gewohnten Alltag nachgeht (Z. 20–23). Diese Perspektive erscheint ihm plötzlich genauso interessant wie die, die er in der Gefangenschaft hatte (Z. 25–29). Seine Gedanken richten sich im Folgenden auf alle Annehmlichkeiten, die er im Käfig genossen hat und die ihm von jetzt an verwehrt sind (Z. 29–32). Aus dem Gefühl der Sehnsucht nach denselben ergibt sich für ihn die Frage, ob sich an seiner psychischen Situation durch die Flucht auch nur das Geringste geändert hat (Z. 32–36). Die Erzählung endet jedoch, ohne dass der Leser etwas von den Konsequenzen für den Affen, die aus dieser Frage entstehen, erfährt oder eine Lösung dieses Problems erhält (Z. 36).

Erster Eindruck

Bei einer ersten Interpretation muss wohl vor allem die Konfliktsituation, die sich aus „Freiheitsdrang" (Z. 4) einerseits und Sicherheit durch Integration andererseits ergibt, gewürdigt werden.

Aufbau: linear

Der gedankliche Aufbau ist weitgehend linear. Auf die Einführung in die Situation, die die Vorstellung des Helden – der Züge eines Antihelden trägt – beinhaltet, folgt eine Steigerung der Spannung, die sich durch die Flucht des Affen ergibt. Darauf folgt die einzige gedankliche Rückblende des gesamten Textes, die sich mit der früheren Situation des Affen beschäftigt. Auffällig ist, dass die Spannung in dieser Erzählung aufgrund des abrupten Endes („Er rührte sich nicht vom Fleck", Z. 36) nicht aufgelöst wird.

Perspektivenwechsel

Weiterhin sind die im Aufbau vorkommenden Perspektivenwechsel von großer Bedeutung. Zu Beginn der Erzählung befinden wir uns mit dem Affen im Käfig, der Blick wandert durch die Stäbe nach draußen (Z. 1–14). Mit der Flucht (Z. 16–20) verändert sich die Perspektive. Wider Erwarten richtet sich der Blick nun aber nicht auf die neue Umgebung, sondern kehrt zum Käfig zurück (Z. 20 ff.). Wie zur Zeit der Gefangenschaft sieht der Affe nun also wieder durch die Stäbe, diesmal allerdings nach innen.

sprachliche Mittel: Erzähler

Bei der Betrachtung der sprachlichen Gestaltung sollte man sich als Erstes mit dem auktorialen Erzähler beschäftigen. Er kommentiert die Handlung (z. B. „wer weiß schon zu sagen warum.", Z. 2 f.) und kennt die jeweiligen Gedanken und Gefühle des Affen (z. B. „und die anderen erschienen ihm", Z. 4; „er dachte an das, was nun hinter ihm lag, und an das, was jenseits des Horizonts auf ihn wartete.", Z. 23 f.). Auch die hypotaktische und somit erläuternd wirkende Syntax unterstützt diese Erzählperspektive.

Satzbau

Wortwahl

In sprachlicher Hinsicht ist die Verwendung von beispielhaft gebrauchten Begriffen, die die Gefangenschaft symbolisieren (z. B. „Bananen", Z. 12, 30), bedeutsam. Sie tauchen sowohl während der Gefangenschaft als auch nach der Flucht auf. Nur ein Satz wird in der gesamten Erzählung zweimal beinahe wörtlich wiederholt: „Er rührte sich nicht vom Fleck." (Z. 25, 36). Dies ist zugleich auch der letzte Satz der Erzählung, woraus sich auf eine überragende Bedeutung dieses Satzes oder auf eine Pointe schließen lässt. Dem Leser soll wohl verdeutlicht werden, dass sich an dem Gefühl der „Sehnsucht" (Z. 20) des Affen nichts geändert hat, wohl aber das Ziel.

Wiederholungen

Wortwahl

In diesem Zusammenhang fällt weiterhin auf, dass dieser Affe – im Gegensatz zu seinen Artgenossen – als Einziger durch eine Anzahl von Begriffen aus dem Bereich menschlicher Gefühle und Fähigkeiten charakterisiert wird (z. B. „träumte", Z. 8; „Freiheitsdrang", Z. 4; „ Sehnsucht", Z. 20; „dachte", Z. 23). Durch dieses sprachliche

Mittel wird der Affe vermenschlicht und somit als denkendes Individuum von seinen Artgenossen unterschieden.

Gesamtschau und Gesamtinterpretation:

Einordnung der Geschichte

Die Erzählung hat viele Elemente einer Kurzgeschichte. Dazu zählen offener Beginn und offenes Ende und die nur skizzenhafte Darstellung der Umwelt. Auch von einer starken Nähe zur Fabel könnte man sprechen, doch handelt es sich – im Unterschied zur klassischen Fabel – nicht durchgängig um vermenschlichte Tierfiguren, sondern nur um eine einzelne Figur, die menschenähnliche Züge trägt. Und der Konflikt zwischen zwei Vertretern je einer anderen Tierart, den die Fabel typischerweise darstellt, ist ins Innere der Mittelpunktsfigur verlagert. Anstelle einer Moral finden wir einen offenen Schluss vor.

Symbolik

Es ist natürlich klar, dass im Prinzip die gesamte Käfigsituation nur als Bild für das menschliche Zusammenleben gedeutet werden kann. Nicht umsonst spielt diese Geschichte unter den nächsten tierischen Verwandten des Menschen. Der einzelne Affe befindet sich hierbei in der Rolle eines Individuums, das sich nicht an die Normen und Denkmuster, die die Gesellschaft bestimmen, anpassen will („Gitterstäbe“, Z. 26) und dieser Situation entfliehen möchte. Die Reaktion der Gesellschaft auf diese Geisteshaltung ist ablehnend. So gilt er unter seinen Käfig- und Zeitgenossen als „anders“ (Z. 1), mit seinem Freiheits- und Wissensdrang ist er inmitten ihrer selbstzufriedenen „Wunschlosigkeit“ ein Fremder (Z. 5).

Als der Affe nun jedoch endlich den Käfig und damit die gewohnte Welt verlassen kann, kommt es zu einer überraschenden Wendung. Er beginnt die Gesellschaft aus einem anderen Blickwinkel zu sehen und lernt die vielen Vorzüge kennen, die sich aus dem Zusammenleben ergeben. Für diese Konfliktsituation findet der Affe keine Lösung, „er rührt sich nicht vom Fleck“(Z. 25, 36). Sein Gefühl der Sehnsucht richtet sich nun lediglich auf ein anderes Ziel (vgl. die „geänderte Blickrichtung“, Z. 35).

aktueller Bezug

So oder so befindet sich das menschliche Individuum immer im Spannungsverhältnis zu seinen Zielen, nie erreicht es sie wirklich – denn sie verändern sich mit der jeweiligen Position. Im „Käfig“ der gesellschaftlichen Normalität sehnt es sich nach Verwirklichung – doch schon nach dem ersten Schritt in die zuvor so verlockende Freiheit leidet es unter dem Verlust der Geborgenheit, die eben jene Normalität bereitstellte.

Persönliches Betroffensein

Es bleibt jedoch dem Leser überlassen, sich über die Lösung dieses Dilemmas, das ja auch das Dilemma vieler Zeitgenossen ist, die sich in festgefahrenen Bahnen gefangen fühlen und gerne ausbrechen würden, Gedanken zu machen und eine eigene Lösung zu suchen. Alternativ dazu implizert die Geschichte auch die Aufforderung an den Leser zu akzeptieren, dass manche großartig scheinende Veränderungen in Wahrheit vielleicht nur eine Frage der veränderten Perspektive sind.

Aufsatzbeispiel XIII: Die Welt der Literatur

Marie Luise Kaschnitz (1901 – 1974)
Das letzte Buch

Das Kind kam heute spät aus der Schule heim. Wir waren im Museum, sagte es. Wir haben das letzte Buch gesehen. Unwillkürlich blickte ich auf die lange Wand unseres Wohnzimmers, die früher einmal mehrere Regale voller Bücher verdeckt haben, die aber jetzt leer ist und weiß getüncht, damit das neue plastische Fernsehen darauf erscheinen kann. Ja und, sagte ich erschrocken, was war das für ein Buch? Eben ein Buch, sagte das Kind. Es hat einen Deckel und einen Rücken und Seiten, die man umblättern kann. Und was war darin gedruckt, fragte ich. Das kann ich doch nicht wissen, sagte das Kind. Wir durften es nicht anfassen. Es liegt unter Glas. Schade, sagte ich. Aber das Kind war schon weggesprungen, um an den Knöpfen des Fernsehapparates zu drehen. Die große weiße Wand fing sich an zu beleben, sie zeigte eine Herde von Elefanten, die im Dschungel eine Furt durchquerten. Der trübe Fluß schmatzte, die eingeborenen Treiber schrien. Das Kind hockte auf dem Teppich und sah die riesigen Tiere mit Entzücken an. Was kann da schon drinstehen, murmelte es, in so einem Buch.

▶ *Erstellen Sie eine Interpretation dieses Textes.*

Zeigen Sie dabei auf, wie die Figuren in dieser Erzählung eine Welt ohne Bücher erleben und mit welchen sprachlichen Mitteln die Autorin dies gestaltet hat.

Ausführung

Einstieg mit Zusammenfassung des Inhalts

Der vorliegende Text „Das letzte Buch" von Marie Luise Kaschnitz setzt sich mit einer utopischen Welt auseinander, in der das Fernsehen die Bücher vollständig ersetzt hat.

Inhaltsangabe

Der Text beginnt mit einer alltäglichen Situation: Ein Kind kommt nach einem Schulausflug ins Museum nach Hause, wo es von der Mutter erwartet wird (Z. 1 f.). Als es berichtet, dort das letzte noch existierende Buch gesehen zu haben, betrachtet die Mutter die Wand der Wohnung, wo ein neuartiger Fernseher („plastisches Fernsehen", Z. 5) die Bücherregale ersetzt hat (Z. 4–6). Auf die Fragen der Mutter kann das Kind nur die Äußerlichkeiten des Buches beschreiben. Es ist jedoch nicht in der Lage, etwas über den Inhalt oder den Titel zu sagen, da es „unter Glas" lag (Z. 10 f.). Das Bedauern der Mutter darüber (Z. 11) wird vom Kind nicht mehr wahrgenommen, da es bereits den Fernseher einschaltet (Z. 11 f.). Der auf der Wand erscheinenden Bilderfolge einer Dschungellandschaft folgt es mit großem Interesse (Z. 12–16). Noch einmal kehren die Gedanken des Kindes kurz zu dem Buch zurück, doch es fragt sich lediglich, was dieses Buch schon Wichtiges oder Interessantes enthalten könne (Z. 16 f.).

erster Eindruck

Zunächst fallen vor allem die Gegensätze zwischen Mutter und Kind bei dem Dialog um das „letzte" Buch auf. Für die Mutter scheint die Situation einer Welt ohne Bücher negativ zu sein, während das Kind, vermutlich aufgrund der andersartigen Erziehung und Erfahrungswelt seiner Generation, mit Gleichgültigkeit reagiert.

Aufbau: Antithetik

Im gedanklichen Aufbau lässt sich nach der Einführung in die Situation (Z. 1 f.) eine antithetische Gegenüberstellung der Medien „Buch" (Z. 2–11) und „plastisches Fernsehen" (Z. 5, 12–16) erkennen. Ihnen werden außerdem die beiden im Text vorkommenden Personen zugeordnet. Gemäß ihres Alters steht die Mutter als Vertreterin für das vergangene Zeitalter der „Bücher", was an ihrer Anteilnahme („erschrocken", Z. 6; „Schade", Z. 11) und ihren Erinnerungen (Z. 4 f.) deutlich wird. Das Kind vertritt hingegen das utopische und moderne Medium des „plastischen Fernsehens". Dies lässt sich an der Tatsache, dass es mit dem Gerät umzugehen weiß (Z. 12) und allein beim Betrachten der Fernsehwand Interesse zeigt (Z. 15 f.), erkennen.

sprachliche Mittel:

Die Autorin hat großen Wert auf die sprachliche Gestaltung dieses Textes gelegt. Die Erzählerin, die Mutter, beschreibt aus der auktorialen Ich-Form und damit aus einer eingeschränkten Perspektive heraus. Dieser Blickwinkel lässt auf eine Sympathie mit dem traditionellen Medium „Buch" schließen. Erzähler

Interessant ist weiterhin, dass sich die Erzählerin bis auf wenige pointierte Stellen jeglicher Beschreibung von Gefühlen enthält. Sie stehen immer im Zusammenhang mit dem Verschwinden der Bücher und der Substitution durch das Fernsehen („erschrocken", Z. 6, vonseiten der Mutter, „mit Entzücken", Z. 16, vonseiten des Kindes). Hier wird außerdem deutlich, dass die einzige etwas ausführlichere Beschreibung mit Blick auf das Fernsehprogramm stattfindet („eine Herde von Elefanten ... Der trübe Fluß schmatzte ...", Z. 13–15), während man von dem Buch, abgesehen von für den Leser logisch, aber unsäglich banal erscheinenden Dingen („Es hat einen Deckel und einen Rücken und Seiten, die man umblättern kann.", Z. 7 f.), weder etwas über den Titel noch über den Inhalt erfährt. Die oberflächliche Beschreibung des Kindes soll wohl seine Unfähigkeit andeuten, mit diesem Medium noch etwas anzufangen. Da dieses Buch allerdings „unter Glas" (Z. 10 f.) liegt, wird das Kind in gewissem Sinn von der Schuld seiner Unfähigkeit freigesprochen. Dies soll wohl verhindern, dass der Leser den Grund für einen derartigen Zustand bei der Jugend sucht. Wortwahl

Die Syntax ist unkompliziert und eher parataktisch, die Dialoge werden in Form von wörtlichen Reden wiedergegeben. Das Vokabular ist hierbei bis auf den Neologismus des „plastischen Fernsehens" (Z. 5) alltäglich. Es stellt dadurch aber eine Verknüpfung zwischen der dem Leser bekannten Realität und der möglichen Zukunft dar. Mit dem „plastischen Fernsehen" lassen sich Begriffe wie lebensecht, realitätsnah, perfekte Illusion usw. assoziieren. Die Autorin verwendet darüber hinaus ein Bild, mit dem diese Art der Unterhaltung charakterisiert bzw. indirekt kritisiert wird. Die Stelle, an der früher mehrere Bücherregale gestanden haben, ist „jetzt leer" und „weiß getüncht" (Z. 4 f.). Damit soll eindeutig ein Mangel symbolisiert werden, der durch das Verschwinden der Bücher entstanden ist. Satzbau / Symbolik

Obwohl der Text keinerlei direkte Wertung enthält, die auf eine Kritik an einer derartigen Utopie schließen ließe, so ist doch klar, auf welcher Seite die Autorin steht. Eine Welt ohne Bücher würde für sie einen Verlust an Fantasie darstellen, der durch das Fernsehen, bei dem geistige Passivität vorherrscht, nicht kompensiert würde. Wie bei der Beschreibung des „letzten" Buches durch das Kind Gesamtschau und Gesamtinterpretation: Wertung

deutlich wird, geht durch die Gewöhnung an das Fernsehen außerdem der Blick für die wichtigen Dinge verloren („Berieselungseffekt"). Diese Situation träfe natürlich vor allem die Jüngeren, die irgendwann auch nicht mehr die Chance hätten, sich frei für das eine oder andere Medium zu entscheiden. Und selbst wenn eine solche Entscheidung möglich wäre, darf wohl angenommen werden, dass sich die meisten Kinder mit dem Argument „Was kann da schon drin stehen, ... in so einem Buch" (Z. 16 f.) für das Fernsehen entscheiden würden, ohne zu wissen, was ihnen entgeht.

aktueller Bezug

Der Text muss nach wie vor bzw. mehr denn je als höchst aktuell angesehen werden, besonders im Hinblick auf die steigenden Fernsehzeiten bei Kindern und Jugendlichen und der sinkenden Bereitschaft bzw. Fähigkeit Bücher zu lesen.

Appell an den Leser

Indirekt enthält der Text damit einen Appell an den Leser, sich nicht mit der Verdrängung des Buches durch das Fernsehen abzufinden, sondern im eigenen Umfeld, bei den eigenen Kindern, aber auch bei sich selbst gegenzusteuern und den Wert des Buches hoch zu halten.

Weitere prüfungstypische Themen

▶ **Bertolt Brecht (1898 – 1956)**
Herr Keuner und die Flut

Herr Keuner ging durch ein Tal, als er plötzlich bemerkte, daß seine Füße in Wasser gingen. Da erkannte er, daß sein Tal in Wirklichkeit ein Meeresarm war und daß die Zeit der Flut herannahte. Er blieb sofort stehen, um sich nach einem Kahn umzusehen, und solange er auf einen Kahn hoffte, blieb er stehen. Als aber kein Kahn in Sicht kam, gab er diese Hoffnung auf und hoffte, daß das Wasser nicht mehr steigen möchte. Erst als ihm das Wasser bis ans Kinn ging, gab er auch diese Hoffnung auf und schwamm. Er hatte erkannt, daß er selber ein Kahn war.

▶ *Geben Sie eine Interpretation des Textes.*

▶ Wolfgang Borchert (1921 – 1947): Der Schriftsteller

Der Schriftsteller muss dem Haus, an dem alle bauen, den Namen geben. Auch den verschiedenen Räumen. Er muss das Krankenzimmer »Das traurige Zimmer« nennen, die Dachkammer »Das windige» und den Keller «Das düstere«. Er darf den Keller nicht »Das schöne Zimmer» nennen.
Wenn man ihm keinen Bleistift gibt, muss er verzweifeln vor Qual. Er muss versuchen, mit dem Löffelstiel an die Wand zu ritzen. Wie im Gefängnis: Dies ist ein hässliches Loch. Wenn er das nicht tut in seiner Not, ist er nicht echt. Man sollte ihn zu den Straßenkehrern schicken.
Wenn man seine Briefe in anderen Häusern liest, muss man wissen: Aha. Ja. So also sind sie in jenem Haus. Es ist egal, ob er groß oder klein schreibt. Aber er muss leserlich schreiben. Er darf in dem Haus die Dachkammer bewohnen. Dort hat man die tollsten Aussichten. Toll, das ist schön und grausig. Es ist einsam da oben. Und es ist da am kältesten und am heißesten.
Wenn der Steinhauer Wilhelm Schröder den Schriftsteller in der Dachkammer besucht, kann ihm womöglich schwindelig werden. Darauf darf der Schriftsteller keine Rücksicht nehmen. Herr Schröder muss sich an die Höhe gewöhnen. Sie wird ihm gut tun.
Nachts darf der Schriftsteller die Sterne begucken. Aber wehe ihm, wenn er nicht fühlt, dass sein Haus in Gefahr ist. Dann muss er posaunen, bis ihm die Lungen platzen!

▶ *Interpretieren Sie diesen Text.*

Erläutern Sie dabei, welche Aufgaben der Schriftsteller nach Borchert hat und analysieren Sie die sprachlichen Mittel, die er einsetzt.

Welche weiteren Aufgaben könnten Schriftsteller erfüllen? Erläutern Sie Ihre Antwort durch Verweise auf Ihnen bekannte Literatur.

▶ Bertolt Brecht (1898 – 1956)
Märchen

Es war einmal ein Prinz, weit drüben im Märchenlande. Weil der nur ein Träumer war, liebte er es sehr, auf einer Wiese nahe dem Schlosse zu liegen und träumend in den blauen Himmel zu starren. Denn auf dieser Wiese blühten die Blumen größer und schöner wie sonstwo. –

Und der Prinz träumte von weißen, weißen Schlössern mit hohen Spiegelfenstern und leuchtenden Söllern.

Es geschah aber, daß der alte König starb. Nun wurde der Prinz sein Nachfolger. Und der neue König stand nun oft auf den Söllern von weißen, weißen Schlössern mit hohen Spiegelfenstern. Und träumte von einer kleinen Wiese, wo die Blumen größer und schöner blühten, denn sonstwo.

Worterläuterung:
Söller = balkonähnlicher Vorbau an einem Gebäude, meist von Säulen oder Pfeilern getragen.

▶ *Geben Sie eine Interpretation des Textes.*

▶ Peter Bichsel (geb. 1935)
Der Milchmann

Der Milchmann schrieb auf einen Zettel: »Heute keine Butter mehr, leider.« Frau Blum las den Zettel und rechnete zusammen, schüttelte den Kopf und rechnete noch einmal, dann schrieb sie: »Zwei Liter, 100 Gramm Butter, Sie hatten gestern keine Butter und berechneten sie mir gleichwohl.«

Am andern Tag schrieb der Milchmann: »Entschuldigung.« Der Milchmann kommt morgens um vier, Frau Blum kennt ihn nicht, man sollte ihn kennen, denkt sie oft, man sollte einmal um vier aufstehen, um ihn kennenzulernen.

Frau Blum fürchtet, der Milchmann könnte ihr böse sein, der Milchmann könnte schlecht denken von ihr, ihr Topf ist verbeult. Der Milchmann kennt den verbeulten Topf, es ist der von Frau

Blum, sie nimmt meistens 2 Liter und 100 Gramm Butter. Der Milchmann kennt Frau Blum. Würde man ihn nach ihr fragen, würde er sagen: »Frau Blum nimmt 2 Liter und 100 Gramm, sie hat einen verbeulten Topf und eine gut lesbare Schrift.« Der Milchmann macht sich keine Gedanken, Frau Blum macht keine Schulden. Und wenn es vorkommt – es kann ja vorkommen – dass 10 Rappen zu wenig daliegen, dann schreibt er auf einen Zettel: »10 Rappen zu wenig.« Am andern Tag hat er die 10 Rappen anstandslos und auf dem Zettel steht: »Entschuldigung.« ›Nicht der Rede wert‹ oder ›keine Ursache‹, denkt dann der Milchmann und würde er es auf den Zettel schreiben, dann wäre das schon ein Briefwechsel. Er schreibt es nicht.

Den Milchmann interessiert es nicht, in welchem Stock Frau Blum wohnt, der Topf steht unten an der Treppe. Er macht sich keine Gedanken, wenn er nicht dort steht. In der ersten Mannschaft spielte einmal ein Blum, den kannte der Milchmann, und der hatte abstehende Ohren. Vielleicht hat Frau Blum abstehende Ohren.

Milchmänner haben unappetitlich saubere Hände, rosig, plump und verwaschen. Frau Blum denkt daran, wenn sie seine Zettel sieht. Hoffentlich hat er die 10 Rappen gefunden. Frau Blum möchte nicht, dass der Milchmann schlecht von ihr denkt, auch möchte sie nicht, dass er mit der Nachbarin ins Gespräch käme. Aber niemand kennt den Milchmann, in unserm Quartier niemand. Bei uns kommt er morgens um vier. Der Milchmann ist einer von denen, die ihre Pflicht tun. Wer morgens um vier die Milch bringt, tut seine Pflicht, täglich, sonntags und werktags. Wahrscheinlich sind Milchmänner nicht gut bezahlt und wahrscheinlich fehlt ihnen oft Geld bei der Abrechnung. Die Milchmänner haben keine Schuld daran, dass die Milch teurer wird.

Und eigentlich möchte Frau Blum den Milchmann gern kennen lernen.

Der Milchmann kennt Frau Blum, sie nimmt 2 Liter und 100 Gramm und hat einen verbeulten Topf.

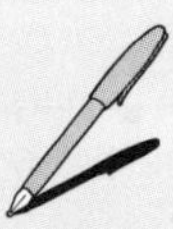

▶ *Interpretieren Sie diesen Text.*

Welche Beziehung besteht zwischen den Personen und mit welchen Mitteln hat der Autor sie gestaltet?

Gestaltendes Interpretieren

Kurz wiederholt: Was ist eigentlich gestaltendes Interpretieren?

Beim Aufgabentyp „Gestaltendes Interpretieren“ geht es darum, sich mit einer Textvorlage intensiv auseinander zu setzen und danach in engem Anschluss an diese Vorlage einen eigenständigen Text kreativ zu gestalten.

Als Textvorlage dient in aller Regel ein literarischer Text, d. h. ein Text, der im Unterschied zum bloßen „Gebrauchstext“, in dem es lediglich um die Vermittlung von Information in möglichst gut verständlicher Form geht, eine bewusst literarische Gestaltung aufweist. Der Verfasser oder die Verfasserin bedient sich also einer bestimmten Erzählperspektive, gestaltet die Erzählsituation entsprechend, unterscheidet bisweilen zwischen Erzählerbericht und Personenrede und setzt gegebenenfalls noch weitere gestalterische Mittel, z. B. Stilfiguren, ein.

Wie der Begriff schon suggeriert, kommt es beim gestaltenden Interpretieren sowohl auf die Gestaltung als auch auf das Interpretieren an. Mit Letzerem ist allerdings weniger eine Beschreibung bzw. Erläuterung des Inhalts der Textvorlage noch eine Aufschlüsselung der sprachlichen Mittel gemeint, die der Autor / die Autorin eingesetzt hat, um die beabsichtigten Wirkungen zu erzielen. Um all das und um eine kritische Stellungnahme zu den im Text vorgelegten Inhalten geht es in der eigentlichen „Textinterpretation“ (vgl. das vorherige Kapitel). Beim gestaltenden Interpretieren ist eine etwas andere Form der Interpretation angezielt: nämlich das Bemühen um möglichst genaues Textverständnis.

Du musst dich intensiv mit Inhalt und Form der Textvorlage vertraut machen und dich damit gründlich auseinander setzen. Du sollst das Thema des Textes bzw. dessen Problemstellung erfassen und die Personenkonstellation, das Wesen der jeweils auftretenden Figuren sowie den möglicherweise nur angedeuteten Handlungsverlauf erkennen.

Der zweite Teil des gestaltenden Interpretierens – die kreative Ausgestaltung eines eigenständigen Textes – muss in enger Anlehnung an die Vorgaben der Textvorlage erfolgen, also auf der Grundlage eines entsprechenden Textverständnisses.

Als Vorlage können prinzipiell alle kurzen, in sich geschlossenen Texte in Frage kommen, also kurze Erzählungen und gleichnishafte Texte, möglicherweise auch Fabeln oder Gedichte, wie z. B. Bertolt Brechts „Ich habe gehört, ihr wollt nichts lernen“ (vgl. S. 78), die von ihrem Inhalt und von der Art der literarischen Aufbereitung her interessant sind.

Die von der Aufgabenstellung geforderte kreative Gestaltung eines eigenen Textes in Anlehnung an die Textvorlage kann in verschiedene Richtungen zielen. Eine ganze Reihe von Möglichkeiten kommt hierfür in Frage:

- Es kann eine Textfortsetzung, also ein Weiterschreiben des Textes gefordert werden.
- Möglicherweise soll eine im Text nur angedeutete Situation ausgestaltet werden.
- Die ganze im Text geschilderte Situation soll vielleicht aus einer anderen Perspektive dargestellt werden.

Außerdem schreibt die Aufgabenstellung die Wahl einer bestimmten Textsorte vor, also etwa eine Beschäftigung mit Textinhalten

- in Form eines Dialogs,
- eines inneren Monologs,
- eines Tagebucheintrags,
- eines Briefs
- oder einer sonstigen Textsorte.

Du darfst nicht den Fehler machen, schnell drauflosschreiben zu wollen, sondern musst die Aufgabenstellung genau analysieren, bevor du deinen eigenen Text in Angriff nimmst. Sonst schreibst du womöglich an der geforderten Aufgabe vorbei, was einer Themaverfehlung gleichkommt.

Kurz: Es wird ohne intensive Beschäftigung mit Textvorlage und Aufgabenstellung nicht gehen. Du wirst dann gute Ergebnisse erzielen, wenn du deine Kreativität in die von der Aufgabe vorgegebenen Bahnen lenkst.

Gestaltendes Interpretieren: Was ist zu tun?

Immer zeigt sich, dass die Schwierigkeiten, die sich beim gestaltenden Interpretieren aufzutürmen scheinen, sofort weniger bedrohlich wirken, wenn man die geforderte Aufgabe in einer Reihe von Arbeitsschritten angeht, wie das in der folgenden Musteraufgabe beispielhaft vorgeführt wird.

1. Schritt: Markierung aller Auffälligkeiten im Text

Peter Weiss (1916 – 1982)
Das Zeugnis

Ich kam mit dem Schulzeugnis nach Hause, in dem ein schrecklicher Satz zu lesen war, ein Satz, vor dem mein ganzes Dasein zerbrechen wollte. Ich ging mit diesem Satz große Umwege, wagte mich nicht mit ihm nach Hause, sah immer wieder nach, ob er nicht plötzlich verschwunden war, doch er stand immer da, klar und deutlich. Als ich schließlich doch nach Hause kam, weil ich nicht die Kühnheit hatte, mich als Schiffsjunge nach Amerika anheuern zu lassen, saß bei meinen Eltern Fritz W. Was machst du denn für ein betrübtes Gesicht, rief er mir zu. Ist es ein schlechtes Zeugnis, fragte meine Mutter besorgt und mein Vater blickte mich an, als sehe er alles Unheil der Welt hinter mir aufgetürmt. Ich reichte das Zeugnis meiner Mutter hin, aber Fritz riß es mir aus der Hand und las es schon und brach in schallendes Gelächter aus. Nicht versetzt, rief er, und schlug sich mit seiner kräftigen Hand auf die Schenkel. Nicht versetzt, rief er noch einmal, während meine Eltern abwechselnd ihn und mich verstört anstarrten und zog mich zu sich heran und schlug mir auf die Schultern. Nicht versetzt, genau wie ich, rief er, ich bin viermal sitzengeblieben. Damit war die Todesangst zerstäubt, alle Gefahr war vergangen. Aus den verwirrten Gesichtern meiner Eltern konnte sich keine Wut mehr hervorarbeiten, sie konnten mir nichts mehr vorwerfen, da ja Fritz W., dieser tüchtige und erfolgreiche Mann, alle Schuld von mir genommen hatte und mich dazu noch besonderer Ehrung für würdig hielt.

▶ *Auf dem Weg nach Hause denkt der Ich-Erzähler über seine Situation nach und versucht sich darüber klar zu werden, wie es weitergehen soll.*
Verfassen Sie einen entsprechenden inneren Monolog.

Es hat sich als hilfreich herausgestellt, den Wortlaut des vorgelegten Textes einer gründlichen Prüfung zu unterziehen und alle Auffälligkeiten im Text optisch zu markieren. Dadurch fällt es erfahrungsgemäß leichter, sich mit dem Text intensiv zu beschäftigen.

In „Das Zeugnis“ fallen zunächst die mehrfachen Wiederholungen auf: „Zeugnis“, „nach Hause“, „Satz“ und „nicht versetzt“. Diese Stellen sollten markiert werden.
Bei näherem Hinsehen zeigt sich auch, dass der Text in zwei Teile gegliedert ist, was vom Druck her aber nicht kenntlich gemacht wird (etwa durch einen neuen Absatz): den Nachhauseweg und die Situation zu Hause. Diese Zweiteilung sollte man gleichfalls optisch anmerken, ebenso die auftretenden Figuren. All das erleichtert die weitere Arbeit mit dem Text, die im nächsten Schritt erfolgt.

2. Schritt: Erfassung von Inhalt und Form der Textvorlage sowie der Aufgabenstellung

Die nähere Beschäftigung mit dem Text sollte mit Hilfe einer Reihe von Erschließungsfragen erfolgen, deren Beantwortung für die vollständige Erfassung der Aufgabenstellung äußerst hilfreich sein kann.

- **Welche Textform liegt vor?** Geschichte, Anekdote, Kurzgeschichte, Schwank, Märchen, Fabel, Gleichnis, Witz o. Ä.?

  Hier: *Geschichte*

- **Welche Person(en) steht/stehen im Mittelpunkt?**

  Hier: *der Ich-Erzähler*

- **Was erfahren wir über ihn?**

  Hier: *Der Ich-Erzähler hat das Klassenziel nicht erreicht. Er ist mit seinem Jahreszeugnis unterwegs nach Hause und sieht der Reaktion seiner Eltern mit Schrecken entgegen.*

- **Welche Beziehung zwischen den Personen lässt sich feststellen?**

  Hier: *Der Ich-Erzähler will seine Eltern nicht enttäuschen, doch er muss ihnen sein Zeugnis mit dem Vermerk „nicht versetzt“ präsentieren. Davor schreckt er zurück, doch die Reaktion des Besuchers rettet ihn.*

- **Gibt es einen Punkt, der eindeutig im Mittelpunkt steht?**

  Hier: *Das unerwartete Verhalten des Besuchers Fritz W., das die vorherigen Sorgen und Ängste überflüssig macht.*

- **Wann und wo spielt die Handlung? Ist das von Bedeutung?**

  Hier: *Die Geschichte könnte überall spielen; das unterstreicht die Allgemeingültigkeit der Darstellung.*

- **Geht es primär um äußere Handlung oder eher um innere Handlung? Wie ist die Beziehung zwischen äußerer und innerer Handlung?**

  Hier: *Die innere Handlung überwiegt bei weitem; die äußere Handlung (der Nachhauseweg des Ich-Erzählers, das Verhalten des Besuchers, die stumme Reaktion der Eltern) bildet nur den Rahmen für den Ablauf der inneren Handlung.*

- **Wie wird der Text vermittelt? Das heißt: Welche Erzählperspektive hat der Verfasser gewählt und welche Erzählsituation liegt vor?**

  Hier: *Die ganze Situation wird aus der Perspektive des Ich-Erzählers dargestellt (Ich-Erzählsituation).*

- **Wie wirkt sich das auf die Distanz des Lesers zum Text aus?**

  Hier: *Es entsteht eine enge Identifikation des Lesers mit den Problemen des Erzählers. Er leidet praktisch mit ihm mit.*

- **Welche Erzählweise herrscht vor: Erzählerbericht oder Personenrede?**

  Hier: *Über weite Strecken herrscht der Bericht des Ich-Erzählers vor, doch auch die Mutter und vor allem Fritz W. kommen zu Wort.*

Da die Deutung der Textpassage und das in Anlehnung daran geforderte gestaltende Interpretieren voneinander abhängig sind, lohnt es sich, nach genauem Lesen des Textes in dem eben skizzierten Sinn eine vorläufige Interpretation in knapper Form zu versuchen.

> Hier: *Das Nichterreichen des Klassenziels ist keineswegs die Katastrophe, als die sie häufig angesehen wird.*

3. Schritt: Planung des eigenen Textes

Es macht wenig Sinn, einfach loszuschreiben, weil man sonst leicht vom Hundertsten ins Tausendste kommt und letztlich die Aufgabenstellung verfehlt. Im vorliegenden Fall geht es um die Gedanken des Ich-Erzählers auf dem Nachhauseweg – um seine gegenwärtige Situation und um die Zukunft. Beide Aspekte müssen in deinem eigenen Text vorkommen.

Ferner sollte der Rückblick auf die Situation bei der Zeugnisübergabe nicht fehlen, weil dem Ich-Erzähler dabei zum ersten Mal klar wird, dass er tatsächlich durchgefallen ist. Er wird seine Gedanken auf die mögliche Reaktion der Eltern richten. Außerdem werden noch das Umherirren auf dem Heimweg und die Gedanken einer Flucht als Schiffsjunge nach Amerika erwähnt. All das sollte in deinem Text Aufnahme finden, etwa so:

- Einstieg mit Reflexionen über die Situation
- Fluchtgedanken
- Umherirren
- mögliche Reaktion der Eltern
- Vergleich mit Mitschülern
- Rückblick auf das Verhalten des Lehrers
- Versagerängste und Resignation
- Ankunft in der elterlichen Wohnung

Kurz: Dein Text und die Vorlage müssen übereinstimmen.

4. Schritt: Ausformulierung des eigenen Textes

Wichtig ist hier vor allem, dass du genau weißt, was von dir verlangt wird: in diesem Fall ein innerer Monolog. Darunter versteht man die Darstellung eines stummen Selbstgespräches einer Person – hier des Ich-Erzählers mit sich selbst – im Präsens und in der 1. Person. Für die Gestaltung eines inneren Monologs gelten allerdings andere Gesetze als für sonstige Sprachproduktion. Bei der Darstellung eines Sachverhalts oder der Darlegung eines Argumentationsschrittes bemüht man sich üblicherweise um genau formulierte Sätze mit variabler Struktur und um ausschließliche Verwendung der Hochsprache. Demgegenüber kann der innere Monolog durchaus unvollständige Sätze (Ellipsen) sowie umgangssprachliche Ausdrücke enthalten, denn die wenigsten Menschen denken wohl in gestochen scharf formulierten Sätzen.

Checkliste

1. Markierung aller Auffälligkeiten im Text

- ✔ Text genau durchlesen
- ✔ Wichtige Textstellen optisch hervorheben

2. Erfassung von Inhalt und Form der Textvorlage sowie der Aufgabenstellung

- ✔ Textform feststellen
- ✔ Personenkonstellation erkennen
- ✔ Rolle des Erzählers erfassen
- ✔ Beziehung der Personen untereinander überlegen
- ✔ Bedeutung des Schauplatzes klären
- ✔ Verhältnis äußere / innere Handlung bestimmen
- ✔ Vermittlung des Textes abklären:
  - Erzählperspektive
  - Erzählsituation / Erzählhaltung
  - Erzählweise
- ✔ Aufgabenstellung analysieren:
  - Was ist genau gemeint?
  - Welche Textform wird von mir verlangt?
    (z. B. innerer Monolog, Dialog, Tagebucheintrag ...)

3. Planung des eigenen Textes

- ✔ Inhalt der Textvorlage durchdenken:
  - Was wird dem Leser vermittelt?
  - Welche Aspekte müssen berücksichtigt werden?
- ✔ Schreibplan entwerfen:
  - Was muss im eigenen Text enthalten sein?
  - Welche Punkte lassen sich auflisten?

4. Ausformulierung des eigenen Textes

- ✔ Besonderheiten der verlangten Textform berücksichtigen
- ✔ Auf variable sprachliche Gestaltung achten

Musteraufgabe: Aufsatzbeispiel XIV

Innerer Monolog zum Text „Das Zeugnis“

Ausführung

Es war ja nicht ganz unerwartet gekommen, aber trotzdem – ich hatte nicht geglaubt, dass es mich so umhauen würde. Alle meine Pläne für die Zukunft waren über den Haufen geworfen. Aber vor allem: Muss ich jetzt nicht an mir selbst zweifeln? Soll ich gleich Schluss machen? Wenn meine Eltern davon erfahren? Sofort nach Hause gehen kann ich auf gar keinen Fall. Wenn ich nur daran denke, wie meine Eltern mich ansehen werden, besonders mein Vater …

Einstieg: unstrukturierte Gedanken zur Situation

Komisch, nicht wahr, was so ein kleiner Satz anrichten kann. So ein bisschen Tinte, lieblos aufs Papier gekleckst. Ich gehe einfach nicht nach Hause.

„Nicht versetzt.“

Alle anderen werden jetzt sicher schon daheim sein. Nur ich laufe noch so sinnlos durch die Gegend. Aber wo soll ich denn bloß hin?

Doch was ist das? Salzgeruch? Ja, der salzige Geruch des Meeres. Was wäre denn, wenn ich einfach zum Hafen laufen würde und mich nach Amerika einschiffte? Ich könnte Matrose werden, wie es in den Abenteuerbüchern steht. Ich würde alles machen, alles – das dreckige Deck schrubben, Kohlen schaufeln, sogar die Toiletten würde ich putzen! Ich könnte auch in der Kombüse Kartoffeln schälen. Vor allem aber würde ich das verhängnisvolle Papier mit dem vernichtenden Satz darauf dem Meer überantworten und nie würde in meiner neuen Heimat jemand davon erfahren.

Fluchtgedanken: Anheuern auf einem Schiff

„Nicht versetzt.“ – Wie können mich zwei Wörter, die eigentlich gar kein richtiger Satz sind, seit mehreren Stunden durch die Gegend irren lassen? Sonst brauche ich für meinen Nachhauseweg nicht einmal zehn Minuten!

Umherirren

Natürlich werde ich nicht auf einem Schiff anheuern, so einen Kleinen wie mich würden sie ja gar nicht mitnehmen. Früher oder später muss ich also nach Hause gehen, um mich dort von meinen Eltern als Versager beschimpfen zu lassen. Natürlich werden sie nicht laut werden, das gibt es bei uns zu Hause nicht.

Blick auf die Familiensituation

Vielleicht ist das aber viel schlimmer als ein lauter Streit – dieses stumme Leiden meiner Mutter und der hilflose, enttäuschte Blick von Vater. Ich hätte sie doch ein bisschen vorbereiten sollen. Aber ich wollte es ja selbst überhaupt nicht glauben!

Neuerlicher Blick auf das Zeugnis

Soll ich noch einmal nachschauen? Unsinn, mein Zeugnis kann sich nicht geändert haben! Nein, ich habe mich nicht verlesen: Dieses furchtbare Wort steht immer noch da. Ich weiß doch genau, was da geschrieben steht. Wie erbärmlich von mir, mich so an eine Hoffnung zu krallen, die es doch gar nicht gibt.

Vergleich mit Mitschülern

Alle haben es geschafft, sogar Klaus! Auf den hätte ich nicht gewettet. Und dann klopft er mir sogar noch gönnerhaft auf die Schulter. Entsetzlich!

Verhalten des Lehrers

Jetzt trag es wie ein Mann! Jedoch – wäre ein echter Mann überhaupt sitzen geblieben? Nein, wohl nicht. Ich bin ein Versager. So habe ich es auch vor wenigen Stunden in den Augen meines Lehrers gelesen, als er mir mit säuerlichem Gesichtsausdruck das Zeugnis überreichte. Zwar hat er sich jeden Kommentars enthalten – wenigstens die Großmut hat er besessen, aber ich wusste trotzdem, was er sagen wollte: Nun muss unser Staat noch ein Jahr länger für einen wie dich bezahlen, was für eine Verschwendung. Wie willst du das wieder gutmachen? Nur der Dienst am Vaterland wäre eine hinreichende Entschädigung.

Selbstanklage

Und so sehr ich meinen Lehrer, den ehemaligen Oberst, auch hasse: Er hat vollkommen Recht. Ich bin ein Versager und ein Feigling dazu, der sich nicht nach Hause traut, es nicht wagt, seinen Eltern unter die Augen zu treten.

Resignation

Da – der Wind hat gedreht, der Salzgeruch ist verschwunden. Meine letzte Hoffnung, meinen Eltern nicht unter die Augen treten zu müssen, ist dahin. Sogar zu feige, um auf einem Schiff anzuheuern.

Entschluss

Ich gehe jetzt ins Haus.

Themen für gestaltendes Interpretieren zur Vorbereitung auf die Zentrale Klassenarbeit

Marie Luise Kaschnitz (1901 – 1974)
Ein ruhiges Haus

Ein ruhiges Haus, sagen Sie? Ja, jetzt ist es ein ruhiges Haus. Aber noch vor kurzem war es die Hölle. Über uns und unter uns Familien mit kleinen Kindern, stellen Sie sich das vor. Das Geheul und Geschrei, die Streitereien das Trampeln und Scharren der kleinen zornigen Füße. Zuerst haben wir nur den Besenstiel gegen den Fußboden und gegen die Decke gestoßen. Als das nichts half, hat mein Mann telefoniert. Ja, entschuldigen Sie, haben die Eltern gesagt, die Kleine zahnt, oder die Zwillinge lernen gerade laufen. Natürlich haben wir uns mit solchen Ausreden nicht zufriedengegeben. Mein Mann hat sich beim Hauswirt beschwert, jede Woche einmal, dann war das Maß voll! Der Hauswirt hat den Leuten oben und den Leuten unten Briefe geschrieben und ihnen mit der fristlosen Küngigung gedroht. Danach ist es gleich besser geworden. Die Wohnungen hier sind nicht allzu teuer und diese jungen Ehepaare haben gar nicht das Geld, umzuziehen. Wie sie die Kinder zum Schweigen gebracht haben? Ja, genau weiß ich das nicht. Ich glaube, sie binden sie jetzt an den Bettpfosten fest, so daß sie nur kriechen können. Das macht weniger Lärm. Wahrscheinlich bekommen sie starke Beruhigungsmittel. Sie schreien und juchzen nicht mehr, sondern plappern nur noch vor sich hin, ganz leise, wie im Schlaf. Jetzt grüßen wir die Eltern wieder, wenn wir ihnen auf der Treppe begegnen. Wie geht es den Kindern, fragen wir sogar. Gut, sagen die Eltern. Warum sie dabei Tränen in den Augen haben, weiß ich nicht.

► *Nach dem Ärger mit den Hausbewohnern sprechen die beiden Eltern darüber, welche Maßnahmen sie ergriffen haben bzw. noch ergreifen müssen. Verfassen Sie einen entsprechenden Dialog.*

Aufsatzbeispiel XV: Dialog

Bei einem Schreibauftrag wie diesem (Verfassen eines Dialogs) kommt es darauf an, ein Wechselgespräch zu entwickeln, das mit möglichst wenig Erzählerbericht auskommt. Das folgende Aufsatzbeispiel zum Thema „Kinderfeindlichkeit" beschränkt sich deshalb auf ganz wenige Erzählereinschübe und ist ansonsten ausschließlich in Dialogform geschrieben – wie verlangt ist.

Ausführung

Einstieg: erste Maßnahmen der Mutter

„Hörst du, sie weinen schon nicht mehr!", sagte die Mutter und stellte sich zwischen ihren Mann und die Kinderzimmertür, aus der immer noch ein schwaches Wimmern drang. „Ihnen ist nur kalt. Den ganzen Tag hatte ich sie auf dem Spielplatz und im Waschkeller, bis die Alte von gegenüber kam, um ihre Wäsche zu holen. Die hat mich so komisch angeschaut, ich glaube, sie hat Verdacht geschöpft. Dabei hat sie sich doch am meisten beschwert, oder?"

Darstellung der Vorgeschichte

„Ach was", sagte ihr Mann, „und wenn, kann es ihr nur recht sein. Klar war sie bei den ewigen Nörglern dabei. Die Kinder sollen leise sein, sie kann ihren Mittagsschlaf nicht halten usw. Das war schlimmer als die von unten, die immer mit dem Besen gegen die Decke geklopft haben."

Sorge der Mutter

„Nicht so laut! Jetzt sind sie gerade eingeschlafen. Willst du, dass sie gleich wieder aufwachen?" Die Mutter warf einen besorgten Blick über die Schulter zu dem Zimmer, aus dem das leise Stöhnen für kurze Zeit zu einem Jammern geworden war. „Wie denn? Denkst du, sie könnten nach der Dosis

Ruhigstellung der Kinder

Valium, die du ihnen ins Essen gemischt hast, so schnell wieder aufwachen? Vielleicht schlafen sie ja für immer!"
„Nicht! Sag nicht so was. Du machst mir Angst."

Vorwürfe des Vaters

„Es wäre überhaupt klüger gewesen, du hättest damals besser aufgepasst. Dann wäre uns der ganze Ärger erspart geblieben. Wir hatten doch noch so viele Pläne. Und jetzt …?"
Es war nun ganz still geworden im Kinderzimmer, die Eltern atmeten auf.

Frühere Maßnahmen

„Es war falsch, sie im Keller an die Heizungsrohre zu binden. Das Scheppern hat man ja bis in den zweiten Stock gehört. Und die Kindergärtnerin hat mich gefragt, was die Kleinen

denn da an den Handgelenken haben. Das war peinlich! Haben Indianer gespielt, habe ich gesagt. Kein Wort hat sie mir geglaubt, nur genickt."

Da kam ein lauter Schrei aus dem Nebenzimmer. Die Mutter zuckte zusammen und brach gleich in Tränen aus. Von unten wurde sofort wieder der Besen gegen die Zimmerdecke gestoßen. Die Nachbarn mussten auf das Geräusch gelauert haben ...

Der Vater sprang an seiner Frau vorbei und stürzte ins Kinderzimmer.

„Verdammt!", zischte er, „habe ich dir nicht gesagt, Klebeband sollst du nehmen, ein Tuch im Mund reicht nicht. Du weißt doch, dass sie es immer wieder abstreifen." — Kritik an Weichherzigkeit der Mutter

Das Weinen hörte auf. Die Mutter schluchzte jetzt ganz laut: „Aber er hat doch Schnupfen und kriegt sonst keine Luft. Er ist doch noch ein Kind!" — Verteidigung

„Und ein Kündigungsgrund!" Der Mann tauchte wieder auf und schloss die Tür hinter sich. „Willst du wirklich, dass wir rausfliegen? Wo sollen wir denn wohnen, hast du darüber schon mal nachgedacht? Und gewöhn dir ab, immer so verzweifelt zu schauen, wenn die blöde Kuh von unten uns fragt, wie es denn den lieben Kleinen geht. Da kannst du ihr ja gleich erzählen, dass du ihnen ein Taschentuch mit Äther ins Gesicht drückst, sobald sie in der Wohnung sind." — Angst vor Kündigung; Ermahnung

„Ich nehme immer nur ganz wenig, es soll ihnen doch nicht schaden ... Außerdem gebe ich ihnen lieber die Baldriantropfen. Wenn die nur nicht so umständlich zu besorgen wären!" — Weitere Maßnahme

„So kann das nicht weitergehen. Hol mir meine Jacke, ich bringe sie weg." — Entschluss des Vaters

Das Gesicht der Frau versteinerte. Sie brachte ihrem Mann die Jacke.

Und als die nette Nachbarin von unten sie wieder fragte, wie es denn den lieben Kleinen ginge, schossen ihr die Tränen in die Augen und sie wandte sich ab.

Aber immerhin herrschte jetzt Ruhe im Haus. — Ruhe im Haus

Aufsatzbeispiel XVI: Tagebucheintrag

Peter Bichsel (geb. 1935)
Das Kartenspiel

Herr Kurt sagt nichts. Er sitzt da und schaut dem Spiel zu. Die vier legen ihre Karten auf den Tisch, die Asse und die Könige, die Achter und die Zehner, die roten zu den roten und die schwarzen zu den schwarzen.

Herr Kurt läßt sich sein Bier temperieren. Sein Glas steht in einem verchromten Gefäß mit heißem Wasser. Von Zeit zu Zeit hebt er es vorsichtig, läßt das Wasser abtropfen. Oft stellt er es zurück, ohne zu trinken; denn er schaut dem Spiel zu.

Herr Kurt hat seinen Platz, niemand weiß seit wann und weshalb. Aber um fünf Uhr ist er da, setzt sich oben an den Tisch, grüßt, wenn er gegrüßt wird, bestellt sein Bier und man bringt ihm das heiße Wasser dazu.

Um fünf Uhr sind auch die andern da, die vier, und spielen Karten, nicht immer dieselben vier, am Montag meist jüngere, am Dienstag Geschäftsleute, am Freitag vier ehemalige Schulkollegen, Jahrgang 1912, und an den übrigen Wochentagen irgendwelche vier. Oben am Tisch sitzt immer Herr Kurt. Er trinkt ein Bier und sitzt bis sieben Uhr da. Ist das Spiel spannend, bleibt er eine Viertelstunde länger, später geht er nie.

Im Restaurant sitzen auch andere, aber kein anderer kommt jeden Tag. Selbst der Wirt ist nicht jeden Abend da und die Kellnerin hat am Mittwoch ihren freien Tag.

Herr Kurt macht niemanden neugierig. Trotzdem hat man ihn in den Jahren kennengelernt. In der Agenda des Wirts steht unter dem 14. Juli „Herr Kurt". An diesem Tag, es ist sein Geburtstag, bekommt Herr Kurt sein Gratisbier. Der Wirt kann sich nicht erinnern, woher er Herrn Kurts Geburtstag kennt. Man würde Herrn Kurt nicht danach fragen.

Nach dem Spiel werfen die vier ihre Karten auf den Tisch, nehmen die Kreide und zählen zusammen, die Verlierer bezahlen die Zeche.

Dann ereifern sie sich über Spielregeln und Taktik, machen sich gegenseitig Vorwürfe und rechnen sich aus, was geschehen wäre, wenn man den König später und den Zehner früher ausgespielt hatte. Herr Kurt nickt ab und zu oder schüttelt den Kopf. Er sagt nichts.

Wenn Herr Kurt die Regeln des Kartenspiels nicht kennen würde, sähe er sein Leben lang nur rote und schwarze Karten. Aber er kennt die Karten, und er kennt das Spiel. Es ist wahrscheinlich, daß er es kennt.

Bei Herrn Kurts Beerdigung wird man alles über ihn erfahren, die Todesursache, sein Alter, seinen Geburtsort, seinen Beruf. Man wird vielleicht überrascht sein. Und später wird, weil es unvermeidlich ist, ein Spieler sagen, daß er Herrn Kurt vermisse. Aber das ist nicht wahr, das Spiel hat ganz bestimmte Regeln.

▶ *Herr Kurt macht sich ebenfalls Gedanken über die Situation, allerdings äußert er sie nicht laut, sondern vertraut sie nur seinem Tagebuch an. Verfassen Sie einen Tagebucheintrag, in dem er seine Gedanken über die Spieler und über das Leben zu Papier bringt.*

Wenn der Schreibauftrag lautet, einen Tagebucheintrag zu erstellen, ist es entscheidend, sich möglichst genau in die Situation und in die Gedankenwelt des Betreffenden zu versetzen, von dessen Blickwinkel aus der Auftrag zum gestaltenden Interpretieren angegangen werden soll. Das folgende Aufsatzbeispiel versucht die Informationen des Textes über den Herrn Kurt aufzunehmen und seine dort geschilderte Unnahbarkeit und die Distanz, mit der er allen anderen begegnet, in Reflexionen über Spiel und Leben umzusetzen.

Ein Tagebucheintrag wird wesentlich stärker als zum Beispiel ein innerer Monolog auf genau ausformulierte Sätze Wert legen – schließlich handelt es sich hier um „Schreibsprache" – und nie etwa mit Gedankenfetzen operieren, wie es dort möglich ist.

Ausführung

Einstieg: Reflexionen über die Kartenspieler

Das Leben ist ein Spiel. Das ist das Einzige, was man vom Leben wissen muss. Du wirst einmal gewinnen, du wirst einmal verlieren. Und am Ende werden wir alle Verlierer sein. Die Kartenspieler haben alle keine Ahnung davon. Sie alle denken, sie spielten nur Karten. Sie denken alle, was sie hier und jetzt tun – es hätte keine Bedeutung. Was wissen sie schon? Von sich? Von mir? Vom Leben?

Beschreibung ihrer banalen Gedanken

Sie wissen, dass ein Jahr 365 Tage hat, oder wenn es ein Schaltjahr ist, 366 Tage. Sie wissen, wie viel Liter Benzin ihr Auto auf 100 Kilometern verbraucht, und einige wenige wissen vielleicht sogar, was es bedeutet, einmal tief gefallen zu sein. Sie wissen, dass es komisch ist, sein Bier nicht zu trinken, wenn man es bestellt hat. Sie finden es normal, den Geburtstag von jemandem zu kennen, den man gar nicht wirklich kennt.

Ihre Ahnungslosigkeit

Aber sie haben keine Ahnung von allem, was wirklich wichtig ist. Sie wissen nicht, dass es manchmal wichtiger ist zu glauben anstatt zu wissen. Sie wissen nicht, dass ein Lächeln mehr bewirkt als tausend Worte. Sie wissen nicht, dass das Weiche stärker ist als das Harte. Sie haben keine Ahnung vom Schicksal. Sie glauben nicht daran. Sie glauben nicht an Gott. Sie glauben nur an sich selbst. Doch die Dinge sind nicht immer so, wie sie scheinen.

Bedeutung der Spielkarten

Alle haben sie mich gesehen, ich war jeden Tag bei ihnen. Sie hätten jeden Tag aufs Neue die Karten des Schicksals betrachten können. Doch lesen, lesen konnte sie keiner. Dabei ist es so einfach: Ein schwarzes Ass bedeutet Betrug, der rote Herzkönig einen neuen Anfang. Es wäre so einfach für sie gewesen, das zu erfahren, was sie am meisten interessiert: ihre Zukunft. Sie hätten alle Antworten auf ihre Fragen finden können. Doch sie wollten gar keine Antworten, waren blind dafür. Sie hielten ihre Augen geschlossen, so wie sie es immer tun, wenn die Dinge an Bedeutung gewinnen.

Rückblick Pessimistisches Menschenbild

Sie haben mich nicht gekannt, all die Jahre nicht. Sie hatten keine Ahnung, wer ich bin. Nur, ich weiß ganz genau, wer sie sind. Ich kenne jeden Einzelnen so gut wie mich selbst. Die ganze Zeit über, die ich hier war, habe ich eine Erkenntnis gewonnen: Die wenigsten Menschen sind es wert, dass man sie kennen lernt. Denn die Menschen sind wie Wolken; sie sind leicht und sie drehen sich mit dem Wind und nur die wenigsten überdauern …

Bald muss ich gehen. Nein, ich will gehen, denn ich habe genug gesehen und genug erlebt. Ich weiß, dass mich keiner vermissen wird und die wenigsten an mich denken werden. Aber das hat keine Bedeutung für mich. Denn im Spiel und im Leben muss man nicht immer gewinnen. Das Leben ist ein Spiel.

Wiederaufgreifen des Eingangsgedanken s

Auf den Punkt gebracht: Was ist beim gestaltenden Interpretieren grundsätzlich zu beachten?

❶ **Was ist gestaltendes Interpretieren?**

Es geht darum,

- sich mit einer Textvorlage intensiv auseinander zu setzen
- und danach in engem Anschluss an diese Vorlage einen eigenständigen Text kreativ zu gestalten.

❷ **Ziel:**

- Erschließung einer literarischen Vorlage
- sowie kreative Ausgestaltung eines Schreibauftrags im Geiste dieser Vorlage.

❸ **Vorarbeiten:** Es empfiehlt sich,

- Auffälligkeiten aller Art im Text optisch zu markieren,
- Inhalt und Form mit Hilfsfragen möglichst optimal zu erfassen
- und sich dadurch so gut wie möglich in den Text einzuarbeiten.

❹ **Durchführung der Schreibaufgabe:**

- Genaue Planung des eigenen Textes;
- Ausformulierung der eigenen Gedanken im Sinn der Aufgabenstellung sowie der Vorgaben der literarischen Vorlage.

Anhang

Wichtige lyrische Grundbegriffe

Vers und Metrum

❒ **Vers:** die metrisch-rhythmisch gebundene „Zeile“ („Verszeile“) in einem Gedicht, unterteilt in bestimmte metrische Einheiten

❒ **Metrum:** Versmaß, Zahl der Hebungen in einer Zeile

❒ **Zeilenstil:** Die Verszeilen sind syntaktische Einheiten, d. h. am jeweiligen Versende ist jeweils auch ein Satz oder ein Satzabschnitt abgeschlossen.

❒ **Zeilensprung:** = Enjambement: Die syntaktische Einheit ist am Versende nicht ebenfalls zu Ende, sondern wird in die Folgezeile mit hinübergenommen.

❒ **Versfuß:** kleinste feste Betonungsfolge bzw. Abfolge von „Hebung“ und „Senkung“ oder betonter und unbetonter Silbe (betont: x́ — unbetont: x)

Versfüße in deutschsprachigen Gedichten:

Jambus (xx)	der Mann
Trochäus (x́x)	schreiend
Daktylus (x́xx)	eilende
Anapäst (xx x́)	Kompanie

Eine unbetonte Silbe zu Beginn einer Verszeile nennt man **Auftakt.**

❒ **Versformen:** Man unterscheidet – je nach der Zahl metrischer Einheiten in einer Verszeile – Zweiheber, Dreiheber, Vierheber, Fünfheber und Sechsheber.

Ein jambisches Grundmuster wirkt insgesamt leichter und natürlicher, ein trochäisches dagegen ernster und gewichtiger.

rein alternierend: nur einsilbige Senkungen

freie Füllung: bei gleichbleibender Hebungszahl ein- oder zweisilbige Senkungen, ungeregelt

Blankvers: ungereimter jambischer Fünfheber (vor allem im klassischen deutschen Drama verwendet)

Alexandriner: sechshebiger Jambus mit deutlicher Zäsur nach dem dritten Versfuß

Pentameter: sechshebiger Vers mit Hebungsprall nach der dritten Hebung, männliche Kadenz

Hexameter: sechshebiger Vers, weibliche Kadenz

Freie Verse: Verse von unterschiedlicher Zeilenlänge und unterschiedlicher Versfüllung, nicht unbedingt gehobene Sprache

Freie Rhythmen: metrisch nicht gebundene Verszeilen, aber bewusst rhythmisch gestaltet, freie Versfüllung, ungereimt

Manchmal werden die beiden letztgenannte Begriffe fälschlicherweise als Synonyme behandelt.

Reimformen

Paarreim:	aa bb cc
Kreuzreim:	ab ab
Umarmender Reim:	a bb a
Schweifreim:	aab ccb
Verschränkter Reim:	abc abc

Binnenreim:	Zwei Wörter in derselben Verszeile reimen sich.
Identischer Reim:	Die Reimwörter werden wiederholt.
Kehrreim:	= Refrain (letztes Element der ersten Strophe immer als letztes Element aller weiteren Strophen wiederholt)
Mehrfachreim:	Reim über drei oder mehr Verszeilen (auch Haufenreim genannt)
Reicher Reim:	Nicht nur ein oder zwei Silben, sondern mehrere reimen sich, z. B. *Sing und Sang / Kling und Klang*.
Unreiner Reim:	ungenauer oder unvollständiger Gleichklang der reimenden Silben bzw. Wörter; wenn nur die Vokale übereinstimmen, spricht man von Assonanz, z. B. *trug – Blut*.
Waise:	reimlose Zeile in gereimter Dichtung

Kadenzen:	Unter Kadenz versteht man die Art des Versschlusses:	
– **männlich:**	Betonung auf der letzten Silbe *Sáfran mácht den Kúchen gél*	 x́x | x́x | x́x | x́
– **weiblich:**	Betonung auf der vorletzten Silbe *Wér will gúten Kúchen bácken*	 x́x | x́x | x́x | x́x

Wichtige Elemente des Erzählens

Erzählperspektive

- **Allwissender (olympischer) Erzähler:** überblickt alles und kennt sogar die Gedanken und die innersten Gefühle aller Figuren (Innensicht).
- **Ich-Perspektive:** Was der Ich-Erzähler (eine der Figuren der Handlung) darstellen kann, ist auf seine Sicht der Dinge beschränkt (Außensicht).
- **Er-Perspektive:** Die Geschichte wird in der dritten Person vermittelt, z. B. aus dem Blickwinkel einer der Figuren, die sozusagen als Medium benützt wird: Alle Ereignisse werden aus seiner Sicht wiedergegeben, müssen sozusagen den Filter seines Bewusstseins passieren (ebenfalls Außensicht).

Erzählsituation

- **Auktoriale Erzählsituation:** Ein allwissender Erzähler vermittelt zwischen der fiktiven Welt des Textes und der des Lesers.
- **Ich-Erzählsituation:** Der Erzähler ist ein Teil der dargestellten Welt, d. h. eine der handelnden Personen, und erzählt in Ich-Form.
- **Personale Erzählsituation:** Der Erzähler als Medium tritt zurück; die Geschichte erzählt sich sozusagen selbst. Der Erzählerbericht wird abgelöst durch szenische Darstellung, die dem Leser die Illusion eröffnet, unmittelbar am Ort des Geschehens anwesend zu sein.

Erzählweise

- **Erzählerbericht:** Der Erzähler informiert über Ereignisse und Personen und berichtet, was sie sagen, denken und empfinden; möglicherweise reflektiert er auch über das Erzählte. Ereignisse und Personen sprechen nicht für sich selbst, sondern werden erzählt:
  - als Bericht (straffe, zusammenfassende Handlungswiedergabe)
  - in szenischer Darstellung (breit ausladende Erzählweise, mit Personenrede)
- **Personenrede:** alle direkt oder indirekt wiedergegebenen Äußerungen und Gedanken der Personen
  - als direkte Rede (der Erzähler tritt hinter die Figuren zurück, denen sozusagen das Wort erteilt wird)
  - als indirekte Rede (Äußerungen der Personen vom Erzähler sozusagen referiert)
  - als erlebte Rede (Wiedergabe in der 3. Person und im Präteritum)
  - als innerer Monolog (Wiedergabe in der 1. Person, im Präsens; stummes Selbstgespräch einer Person)
  - als Bewusstseinsstrom (genaue Wiedergabe der unkontrollierten Bewusstseinsvorgänge einer Person, mit Assoziationen, Erinnerungsfetzen u. Ä. m.; manchmal auch als stream-of-consciousness bezeichnet)

Wichtige Stilfiguren

- **Allegorie:** Verbildlichung eines abstrakten Gedankens
- **Alliteration:** eine Klangfigur, bei der betonte Silben bei mindestens zwei Wörtern denselben Anlaut haben (z. B. *mit Haus und Hof*)
- **Anapher:** Wiederholung des gleichen Elements (Wort, Wortverbindung) am Versanfang
- **Chiffre:** deutet das Gemeinte mit Hilfe eines bildhaft-sinnfälligen Wortes nur an; vor allem in der modernen Lyrik verwendet, oft nicht deutbar
- **Elision:** Ein unbetonter Vokal wird aus metrischen Gründen ausgelassen, z. B. *Wand'rer* statt *Wanderer*.
- **Emblem:** ein sinnbildliches Zeichen mit eindeutigem Sinngehalt, z. B. *Ölzweig* oder *Taube* für *Frieden*.
- **Emphase:** nachdrückliche, leidenschaftliche Betonung

- **Enumeratio** (Reihung): Aufzählung mehrerer Begriffe, die – insgesamt genommen – das Gemeinte besonders plastisch hervortreten lassen.
- **Epipher:** paralleler Begriff zu Anapher, d. h. Wiederholung desselben Wortes oder derselben Wortverbindung am jeweiligen Satzende
- **Euphemismus:** beschönigende Umschreibung eines möglicherweise als anstößig empfundenen Begriffs, z. B. *vollschlank* oder *beleibt* an Stelle von *fett*
- **Hyperbel:** Steigerung des Ausdrucks durch Übertreibung
- **Ironie:** verfremdende Darstellungsweise, die das Gegenteil dessen meint, was der Wortlaut eigentlich zum Ausdruck bringt
- **Lautmalerei:** Wortbildung, die Geräusche und Laute nachahmt
- **Lyrisches Ich:** der Ich-Sprecher im Gedicht, eine dichterische Figur, die – ähnlich wie der Erzähler in epischen Texten – vom Autor zu unterscheiden ist
- **Metapher:** Verwendung eines Wortes in übertragener Bedeutung, z. B. *das Rad der Zeit*; Grundlage jeder Metapher ist ein Vergleich, d. h. zwischen der eigentlichen und der übertragenen Bedeutung besteht eine Ähnlichkeit, das sog. tertium comparationis. Vgl. auch Synekdoche und Metonymie.
- **Metonymie:** Ersetzung des eigentlichen Begriffs durch einen anderen, der mit dem Gemeinten in enger Beziehung steht, z. B. *Rom hat gesprochen* für *Vatikan*
- **Neologismus:** Wortneuschöpfung, Gestaltung eines neuen Begriffs, um damit eine bestimmte Wirkung zu erzielen
- **Oxymoron:** Verbindung zweier sich widersprechender und sich gegenseitig ausschließender Begriffe, z. B. *bittere Süße*
- **Parallelismus:** gleiche oder sehr ähnlich gebaute, aufeinander folgende Wortfolgen oder Satzglieder
- **Pars pro toto:** „Teil für das Ganze“, z. B. *Segel* für *Schiff*
- **Personifikation:** Darstellung eines abstrakten Begriffes in menschlicher Gestalt, z. B. *Justitia* als Frau mit Waage und Schwert; ein Brunnen *plaudert*
- **Rhetorische Frage:** Frage, auf die eigentlich keine Antwort erwartet wird, sondern bei der durch die Frageform eine besonders nachdrückliche Aussage gemacht werden soll, z.B. *Sind wir nicht Männer?* (Natürlich sind wir Männer – also handeln wir auch danach!)
- **Symbol:** Ein Wort, das an und für sich etwas sinnlich Wahrnehmbares bezeichnet, kann so gebraucht werden, dass es zum Symbol für einen tieferen Sinn wird oder eine seelische oder geistige Bedeutung erhält, z. B. behält der Handschuh in Schillers gleichnamiger Ballade seine „normale“ Rolle im äußeren Geschehen, versinnbildlicht aber zugleich die anmaßende und überhebliche Provokation des Ritters durch die Dame.
- **Synästhesie:** Verbindung von Sinneswahrnehmungen, z. B. *ein warmes Rot*
- **Tautologie:** Etwas bereits Gesagtes wird mit Hilfe einer synonymen Wendung wiederholt.
- **Wortspiel:** Ähnlich lautende Wörter, aber mit unterschiedlicher Bedeutung, werden zueinander in Beziehung gebracht

Quellenangaben

Für die Entwürfe zu den Aufsatzbeispielen danken wir folgenden Schülern: Peter Fürtsch, Dieter Jäckel, Monika Krause, Amelie Mallmann, Carola Meyberg, Tobias Neckel und Lara Weber.

Erich Kästner, „Sozusagen in der Fremde“ (S. 53 und S. 62 f.), aus: ders., *Gesammelte Schriften für Erwachsene. Bd. 1 Gedichte* (© Zürich: Atrium Verlag, 1934; zit. nach der Lizenzausgabe Droemer Knaur, München/Zürich, 1969), S. 228 f.; Johann Wolfgang von Goethe, „Gedichte sind gemalte Fensterscheiben“ (S. 68), aus: ders., *Werke. Bd. 1 Gedichte und Epen*, *textkritisch durchgesehen und mit Anmerkungen versehen von Erich Trunz* (Hamburg: Christian Wegner Verlag, [7]1964), S. 326; Georg Britting, „Der Mond kommt jetzt sehr früh herauf“ (S. 71): Copyright-Inhaber nicht ermittelt; Kurt Tucholsky, „Augen in der Großstadt“ (S. 74 f.), aus: Karl Otto Conrady (Hg.), *Das große deutsche Gedichtbuch* (Königstein/Ts.: Athenäum-Verlag, [2]1978), S. 776; Bertolt Brecht, „Ich habe gehört, ihr wollt nichts lernen“ (S. 78), aus: ders., *Werke. Große Kommentierte Berliner und Frankfurter Ausgabe.* Hg. von Werner Knecht, Jan Knopf, Werner Mittenzwei, Klaus-Detlef Müller. *Bd. 14. Gedichte 4: Gedichte und Gedichtfragmente 1928 – 1939*, S. 162; Richard Dehmel, „Manche Nacht“ (S. 82), aus: Conrady, *Gedichtbuch*, S. 597; Joseph von Eichendorff, „Winternacht“ (S. 82 f.), aus: ders., *Werke,* Hg. von Wolfdietrich Rasch (Darmstadt: Wissenschaftliche Buchgesellschaft, © Carl Hanser, München), S. 274 f.; Karl Krolow, „Hoher Herbst“ (S. 83): Copyright-Inhaber nicht ermittelt; Alfred Wolfenstein, „Städter“ (S. 84), aus: Kurt Pinthus (Hg.), *Menschheitsdämmerung* (Reinbek bei Hamburg: Rowohlt Verlag, 1959), S. 45; Joseph von Eichendorff, „Frische Fahrt“ (S. 84 f.), aus: Conrady, *Gedichtbuch*, S. 382; Bertolt Brecht, „Der Radwechsel“ (S. 85), aus: ders., *Werke. Bd. Gedichte*, zusammengestellt von Wolfgang Jeske (Frankfurt/Wien: Lizenzausgabe für die Büchergilde Gutenberg, 1959), S. 509; Georg Heym, „Die Seiltänzer“ (S. 86), aus: ders., *Dichtungen und Schriften, Gesamtausgabe. Hg. von Karl Ludwig Schneider, Band I, Lyrik* (München: Verlag Heinrich Ellermann, 1964), S. 435; Paul Watzlawick, „Die Geschichte mit dem Hammer“ (S. 90 und 103), aus: ders., *Anleitung zum Unglücklichsein* (München/Zürich: Piper, 1983), S. 37 f.; Helga M. Novak, „Schlittenfahren“ (S. 109 f.), aus: dies., *Geselliges Beisammensein. Prosa* (Neuwied und Berlin: Luchterhand, 1968), S. 128 f.; Marianne Geib, „Zeitgenossen“ (S. 113 f.): Copyright-Inhaber nicht ermittelt; Marie Luise Kaschnitz, „Das letzte Buch“ (S. 117) und „Ein ruhiges Haus“ (S. 133), aus: dies., *Steht noch dahin. Neue Prosa* (Frankfurt: Insel Verlag, 1970); Bertolt Brecht, „Herr Keuner und die Flut“ (S. 120), aus: ders., *Werke. Band Prosa I*, zusammengestellt von Wolfgang Jeske (Frankfurt/Wien: Lizenzausgabe für die Büchergilde Gutenberg, 1991), S. 190; Wolfgang Borchert, „Der Schriftsteller“ (S. 121), aus: ders., *Das Gesamtwerk* (Hamburg: Rowohlt Verlag, 1949), S. 285; Bertolt Brecht, „Märchen“ (S. 122), aus: ders., *Geschichten I. Unveröffentlichte und nicht in Sammlungen enthaltene Geschichten. Eulenspiegelgeschichten* (Frankfurt/M.: Suhrkamp Verlag © by Stefan S. Brecht, 1965), S. 12; Peter Bichsel, „Der Milchmann“ (S. 122 f.) und „Das Kartenspiel“ (S. 136f.), aus: ders., *Eigentlich möchte Frau Blum den Milchmann kennenlernen. 21 Geschichten* (Frankfurt/M.: Suhrkamp Verlag, 1993); Peter Weiss, „Das Zeugnis“ (S. 126), aus: ders., *Abschied von den Eltern*, (Frankfurt/M.: Suhrkamp Verlag, 1961).

Für einige Texte konnten die Copyright-Inhaber nicht ermittelt werden. Verlag und Autoren wären für entsprechende Hinweise dankbar.